天津市哲学社会科学规划项目“新发展阶段共同富裕的实现路径研究”
（课题编号：TJKS22-009）

新时代
共享发展理念研究

The New Era

代贤萍 著

当代中国出版社
Contemporary China Publishing House

图书在版编目(CIP)数据

新时代共享发展理念研究 / 代贤萍著 . -- 北京 : 当代中国出版社, 2023.8

ISBN 978-7-5154-1282-5

Ⅰ. ①新… Ⅱ. ①代… Ⅲ. ①中国特色社会主义—社会主义建设模式—研究 Ⅳ. ① D616

中国国家版本馆 CIP 数据核字（2023）第 154030 号

出 版 人　王　茵
责任编辑　陈　莎
责任校对　康　莹
印刷监制　刘艳平
封面设计　鲁　娟
出版发行　当代中国出版社
地　　址　北京市地安门西大街旌勇里 8 号
网　　址　http://www.ddzg.net
邮政编码　100009
编 辑 部　（010）66572180
市 场 部　（010）66572281　66572157
印　　刷　中国电影出版社印刷厂
开　　本　710 毫米 × 1000 毫米　1/16
印　　张　13 印张　1 插页　171 千字
版　　次　2023 年 8 月第 1 版
印　　次　2023 年 8 月第 1 次印刷
定　　价　68.00 元

目　录

导　论

第一章　共享发展理念的形成依据

第二章　共享发展理念的形成过程

第三章　共享发展理念的内涵、特征与时代价值

参考文献

后 记

导　论

一、选题缘起及意义

对不同发展理念的选择，产生的实践效果也不尽相同。理念优于制度，制度优于技术，只有以先进的理念为指导，才可能设计出合理的制度安排。怎样发展、为谁发展，是中国特色社会主义的基本问题，也是发展观、发展理念的基本问题。党的十八届五中全会提出了新的发展理念，“创新、协调、绿色、开放”回答了“怎样发展”的问题，“共享”回答了“为谁发展”的问题。共享发展理念的首次提出，是一次深刻的思想和政策调整，标志着国家发展理念的升华。

人类进入工业社会后，把经济增长当作发展全部内涵的传统发展理念长期占据主导地位。经济增长在带来工业繁荣的同时，也带来了生态危机、能源危机、社会危机；技术理性在带来社会财富增长的同时，也导致了现代奴役的扩张，马尔库塞在《单向度的人》中曾批判人的极端异化生存。由此可见，经济增长≠经济发展、社会进步≠人民幸福，真正的发展应当是经济社会和人的全面发展。改革开放 40 多年来，中国的发展成就举世瞩目，但也存在一些需要解决的问题。以上这些问题的产生固然与社会转型期的急剧转换有关，但根本原因是对发展本质、发展目的的认识不够深刻。马克思主义把每个人的自由发展是一切人的自由发展的条件作为发展的终极目的，但是囿于人类自身的认识水平和生产力发展程度的局限，人们往往颠倒了发展的目的与手段，出现了发展的“异化”。马克思在《1844年经济学哲学手稿》中专门阐述过资本主义社会中劳动的异化问题，资本主义社会的“金钱拜物教”“资本拜物教”和“商品拜物教”都是异化的具体表现。在发展理念中，具体表现为唯GDP马首是瞻的数字发展、“见物不见人”的透支式发展、“重经济，轻环境”的不可持续发展。实践证明，发展不仅应该是有数量、有速度的发展，还应该是有情怀、有温度的发展。从单向度的经济增长到共享式的全面发展，是世界大势所趋，也符合中国的实际情况。

当前，中国正处于全面建设社会主义现代化国家的重要时期，巨大的中国成就与突出的中国问题纵横交织，经济发展与社会公平正义的矛盾凸显，中国已经到了理念转变和政策转向的时间节点，共享发展理念正是在理论前进和现实倒逼的背景下，基于强烈的问题导向、时代导向和民生导向而逐渐生成的。对中国共产党共享发展理念进行认真系统研究具有重要的理论意义和实践意义。理论意义表现在：第一，有利于深化对科学社会主义基本问题和社会主义本质的认识，增强中国特色社会主义的制度自信。第二，有利于深化对马克思主义唯物史观、人本观和发展观的认识，对坚持群众观点、贯彻以人民为中心的发展思想具有积极意义，对马克思主义发展观的理论创新具有促进作用。第三，有利于突出中国共产党的执政宗旨和社会主义维护公平正义的本质要求，有利于弘扬共享的社会主义价值观，形成具有中国特色的新话语。实践意义主要有：第一，从政治实践价值的角度讲，对共享发展理念的研究可以为化解社会矛盾、增进人民团结、促进社会和谐提供可行的思路和路径，有利于中国共产党执政合法性的巩固。第二，从经济实践价值的角度讲，共享发展理念为“新常态”背景下的经济发展提供新的动力。收入分配的改革使人民“有钱花”，社会保障的提高使民众“敢花钱”，公共设施投资有利于促进经济增长，扶贫开发也可以形成新的经济增长点等。第三，从社会实践价值的角度讲，共享发展有利于民生改善和社会公平正义的推进，是全面建设社会主义现代化国家的重要举措。

为了便于本书逻辑的展开和研究的深入，我们有必要对本书中涉及的基本概念进行分析阐述。

第一，关于“共享”。从一般意义上来讲，共享也就是分享，将信息或者物品的使用权或者知情权和其他人共同拥有，有时也包括产权，比如文件的共享、软件的共享、信息化的共享等。从马克思主义理论层面看，共享主要指“结束牺牲一些人的利益来满足另一些人的需要的情况……使所有人共同享受大家创造出来的福利”①。从经济发展的层面看，2007 年亚洲开发银行率先提出“共享式增长”的概念，共享式增长即倡导机会平等的增长，公平合理地分享经济增长。没有共享，经济增长非但没有意义，而且是有害的。从社会发展的层面上讲，共享主要指在社会发展的过程中，社会成员的尊严、潜能和基本需求的满足。从执政党建设的层面看，共享不仅是一种发展理念，也是一种执政理念，反映着党的执政宗旨和执政主体。

第二，关于“发展理念”。根据《辞海》的解释，“理念”有两种解释：首先是思想、看法和思维活动的结果；其次是上升到理性高度的思想观念。“发展理念”指导发展实践的思想观念，是对发展本质与意义最基本的认识和体悟。发展理念与发展观密切相关。多数观点认为，发展理念即发展观；还有些观点认为，发展理念与发展观属于不同的层面。发展观属于哲学层面的世界观、价值观、方法论问题，对发展的道路、模式和战略具有根本性和全局性的指导作用。发展理念是对发展本质、意义和目标的最基本认识，是发展观的内核。一般意义上发展理念与发展

① 《马克思恩格斯文集》第 10 卷，人民出版社 2009 年版，第 666 页。

观可以通用。

二、共享发展研究现状述评

共享发展理念一经提出，短短几年的时间，相关研究成果与日俱增，本书对前期研究成果进行了归纳整理，对共享发展的研究现状进行了评析，有助于了解和跟踪这一研究的进度。

（一）有关共享的研究现状

1. 关于共享的科学内涵及相关概念辨析

国内学者比较认同的是从马克思主义经典作家的论述中阐释共享的内涵。譬如汪荣有在《论共享》中认为："所谓共享就是使全体社会成员共享发展成果，在本质上就是实现社会公平正义，使全体社会成员全面发展，共同享受社会福利。"① 另一种比较具有代表性的是吴忠民的观点，他认为共享发展成果主要包括三层含义：每个社会成员的基本尊严和基本生存条件能够得到维护和满足，每个社会成员的基本发展条件能够得到保证，每个社会成员的社会水准和发展能力能够随着社会发展进程而不断得以提升。② 张贤明、王丹宏在《改革发展成果共享的三重特性》一文中指出，共享包括有尊严、重共建与可持续三重特性。③ 在共享发展理念正式提出之后的一批研究成果中，学者们主要从共享发展的全民性、全面性、参与性来界定共享发展的基本内涵。刘红玉、彭福扬在《论共享发展的科学内涵》一文中指出，共享发展不能简单理解为成果

① 汪荣有：《论共享》，《马克思主义研究》2006 年第 10 期。

② 吴忠民：《社会公正论》，山东人民出版社 2004 年版，第 11 页。

③ 张贤明、王丹宏：《改革发展成果共享的三重特性》，《理论探讨》2015 年第 5 期。

的共享，而是主体之间通过一定的相互作用就发展的主要问题形成的协调有序的机制，他们从人民主体、价值认知、实现过程和成果共享的角度阐述了共享的内涵。[①] 蒋茜在《论共享发展的重大意义、科学内涵和实现路径》一文中，从生产力与生产关系相统一的角度，从人民主体、物质财富前提、基本经济制度保障、共享范围的全民性、共享目标是共富五个维度阐述了共享的理论内涵。[②] 还有学者从主体旨向的全民共享、客体内容的全面共享、实现途径的共建共享、推进过程的渐进共享四个维度阐述了共享的内涵。2016 年 1 月 18 日，习近平在省部级主要领导干部学习贯彻党的十八届五中全会精神专题研讨班上明确指出，共享发展理念的内涵主要有四个方面，一是共享是全民共享，二是共享是全面共享，三是共享是共建共享，四是共享是渐进共享。[③] 这个论述对共享发展的内涵作了权威和科学的阐释。

共享与共富、共建、平均等相关概念辨析。对于共享与共富的关系，多数学者认同，共富是共享的最终目标，共享是共富的手段方法，通过共享逐步实现共富。有学者认为，共同富裕与共享利益在本质上是相同的，差别就在于共富是一种静态的结果，而共享是一种动态的过程。

共享与平均的关系。共享不等于平均。陶文昭指出："共享不是均享。在社会主义初级阶段，共享只能是有差别的分享，而不能是平均的、无差别的、等份额的分享。搞平均主义行不通。"[④] 公方彬指出，共享不是走回头路、吃大锅饭，而是纠正较长时间以来的分配失衡。当下所讲的共享的实质，主要是修正以往的失误，重新衡量效率与公平。[⑤] 张春龙认为，

---

① 刘红玉、彭福扬：《论共享发展的科学内涵》，《湖南大学学报（社会科学版）》2016 年第 11 期。

② 蒋茜：《论共享发展的重大意义、科学内涵和实现路径》，《求实》2016 年第 10 期。

③ 《习近平谈治国理政》第 2 卷，外文出版社 2017 年版，第 215 页。

④ 陶文昭：《如何全面理解"发展成果由人民共享"》，《学习时报》2010 年 8 月 3 日。

⑤ 公方彬：《共享是五大发展理念的着眼点和归宿》，光明网，2015 年 11 月 20 日。

共享和平均的区别体现为两点：第一，平均强调的是数量的均等，共享强调的是意义的公正；第二，平均暗含着不公，共享是一种有数量差异的平等。各位学者观察的角度不同，但基本观点是一致的。共享不是搞平均主义，而是针对利益过度分化进行的改革和调整。

共享与共建的关系。多数学者认同共建是共享的前提和条件，共享是共建的动力和目标，共建与共享是一个矛盾统一体。吴忠民指出："不能只强调'共享'而忽略了'共创'。'共享'不是让一部分社会成员养活另一部分社会成员，而是通过'输血'逐步恢复'造血'功能。只重视共享，会形成一种非劳动意识，形成新的寄生人群。"[①] 王炳林、杨永利在《坚持共建共享 促进社会和谐》一文中指出，"共建共享辩证统一、相辅相成。共建为共享提供物质基础，共享为共建提供动力源泉"，他还从马克思主义唯物史观出发，指出"共建共享是马克思主义的内在要求、是社会主义的本质特征"。[②] 张春龙从马克思劳动优先观点出发，认为"共享是以劳动为基础的共享，共享的前提是共建。共享能够有效地激励人们参与共建"[③]。需要深入探讨的是，共享与共建的具体领域和范围是什么，如何提升共建共享的质量，形成二者统一过程中的良性循环。

2. 关于共享的必要性及依据

从社会主义本质属性和改革目的角度。学者广泛认同共享是社会主义的本质要求，克服了资本主义少数人独享发展成果的弊端；改革开放的社会主义性质、目的和进程决定了共享的客观必然性。有学者认为共享是科学发展观的题中应有之义，是构建社会主义和谐社会的客观和内在要求。何影在《利益共享：和谐社会的必然要求》一文中指出，利益共享是构建和谐社会的必然要求，需要从利益共享的理念层面和制度层

---

① 吴忠民：《让改革红利惠及全体人民》，《求是》2013 年第 21 期。

② 王炳林、杨永利：《坚持共建共享 促进社会和谐》，《理论前沿》2008 年第 3 期。

③ 张春龙：《"共享"及其相关概念辨析》，《学海》2010 年第 6 期。

面共同保障和谐社会的构建。[①]

从发展社会主义民生的角度。潘玲霞认为，“共同富裕”和“成果共享”都是中国特色社会主义理论体系中既与时俱进又独具特色的民生思想的重要组成部分。[②]邓海潮、赵钟离指出，广大农民群众、城乡无业失业和下岗人员、老弱病残等弱势群体未能共享改革发展成果，是提出共享的现实依据。[③]青连斌指出，共建共享彰显了人民群众作为实践主体和价值主体的地位，共建共享应是解决民生问题的重要原则。[④]韩喜平、孙贺认为共享发展具有重要的民生价值，共享发展包含深厚的民生伦理意蕴，契合了民生改善的现实诉求，创新了民生改善的机制。[⑤]有学者认为共享发展具有民生伦理意蕴，“人性尊严”是民生伦理的逻辑起点，公众参与是民生伦理的行动表达，提升国民福祉是民生伦理的执政诉求，并指出通过民生事业共建、民生问题共商和民生红利共享来实现共享的民生追求。

从社会公平正义的角度。学者们普遍认为，共享发展是社会公正的内在要求和实现路径。王利清指出，中国当前存在着多维不平等现象，这些不平等的消除需要立足于共富共享，坚持经济民主和政治民主，把握好机会平等和社会救助原则。[⑥]吴忠民指出，让全体人民共享改革发展成果是中国共产党公平正义观的基本价值取向。[⑦]还有学者指出，坚持分

---

① 何影：《利益共享：和谐社会的必然要求》，《求实》2010 年第 5 期。

② 潘玲霞：《“共同富裕”与“成果共享”——中国特色社会主义理论体系中的民生思想》，《社会主义研究》2009 年第 1 期。

③ 邓海潮、赵钟离：《共享改革发展成果：理论与现实依据及实现路径》，《西安政治学院学报》2007 年第 6 期 。

④ 青连斌：《解决民生问题要坚持共建共享原则》，《北京党史》2008 年第 1 期。

⑤ 韩喜平、孙贺：《共享发展理念的民生价值》，《红旗文稿》2016 年第 2 期。

⑥ 王利清：《中国不平等的消解有赖于共享式增长》，《前沿》2009 年第 12 期。

⑦ 吴忠民：《公平正义是改革发展的出发点和落脚点——中国共产党公平正义观的形成及基本内容》，《当代世界与社会主义》2014 年第 2 期。

配公平是人民共享发展成果的关键。共享发展理念是社会公平正义在民生领域实践和落实的重要体现，要在社会各方沟通与合作的基础上，形成具有共识性的价值观念，实现社会整体利益的最大化和公平化。

从理论基础和现实依据的角度。李伟斌指出，科学社会主义是共享发展理念的理论基础，主要包括生产力前提、社会主义本质与目的、社会主义公平正义、群众史观和共产党的领导以及人的自由全面发展六个方面。[①] 有学者认为，共享发展理念的理论基础主要基于现实依据和理论依据两个方面，现实依据主要指国内贫富差距问题、国家具有实现共享的能力和共享共赢的世界潮流三个方面，理论依据主要包括历史唯物主义群众史观、科学社会主义共同富裕理论和马克思主义政党学说三个方面。部分学者认为共享发展理念的提出具有理论、实践和制度三方面的基础，中国共产党对马克思主义理论的继承和创新是共享发展的理论基础，中国目前的巨大成就和突出问题是共享发展的实践基础，中国特色社会主义道路和制度是共享发展的政治基础。

3. 关于共享的实现路径和机制

从宏观角度探究共享的实现机制。不少学者从教育、就业、社会保障等民生问题出发，从整体上提出实现共享的机制。有学者指出，实现共享改革发展成果的途径主要有：促进经济持续稳定发展、扩大就业的发展战略、深化收入分配制度改革、建立健全社会保障体系、积极推进各项社会事业发展、完善社会阶层利益表达机制。李昌麟、甘强指出，我国当前发展成果由人民共享的实现机制可以概括为：基础机制、分配机制、保障机制和监督机制。[②] 林其屏明确指出，成果共享的实现需要六大机制：作为前提性机制的收入分配机制、作为条件性机制的就业优先

---

① 李伟斌：《科学社会主义视域中的共享发展理念解析》，《高校马克思主义理论研究》2016 年第 3 期。

② 李昌麟、甘强：《我国改革发展成果公平分享的实践路径构想》，《社会科学研究》2010 年第 5 期。

机制、作为基础性机制的教育公平机制、作为基本性机制的社会保障机制、作为保障性机制的公共服务机制和社会救助机制。[①]有学者指出，共享发展的实现路径主要通过创新政策性共享体制机制、创新社会化共享支持网络和营造大众化共享生态环境来实现，主张制度设计应当分类别、有层次。[②]还有观点认为，共享发展的实现要针对当前社会存在的主要矛盾进行破题，从思想上提高对共享发展的认识，坚决破除各种既得利益障碍，主要通过保障基本民生、精准扶贫脱贫，深化收入分配制度改革、缩小收入差距，提高教育质量、促进就业创业，增加公共服务供给、完善社会保障制度的路径实现共享发展。柳礼泉、汤素娥从理论的角度指出了共享发展的实现理路，指出要把共同富裕作为共享发展的经济动力，把公平正义作为共享发展的政治防线，把共筑精神家园作为共享发展的文化营养，把维护和谐稳定作为共享发展的社会基石，把实现人的全面发展作为共享发展的价值旨归。[③]有观点认为，共享发展的实现最终取决于体制改革与创新，实现共享发展的关键是理顺资本与权力的关系，基础是完善社会保障制度，动力是民众人人参与，保障是法治建设的推进。还有学者从经济规律、自然规律和社会规律的角度探求共享发展的实现路径，指出要坚持效率与公平的协调，坚持多元主体共建共享生态文明，坚持发展责任共担、发展机会和利益共享。吴波强调共享发展必须正确处理所有制和劳动权益实现两大关键问题，拒绝大规模私有化和完善国有经济是正确处理所有制问题的两个着力点。[④]

---

① 林其屏:《“成果共享”的实现必须形成六大机制》,《经济问题》2008 年第 2 期。

② 孟宪生、关凤利:《论共享发展的层次性及实现路径》,《思想理论教育导刊》2016 年第 8 期。

③ 柳礼泉、汤素娥:《共享发展理念的丰富内涵和实现理路》,《思想理论教育导刊》2016 年第 8 期。

④ 吴波:《共享发展理念与中国道路的新探索》,《贵州省委党校学报》2015 年第 6 期。

从政治法律角度探索共享的实现机制。有学者认为，影响公平共享改革发展成果的原因可以归结于现行立法、执法、司法制度存在的问题阻碍了起点公平、过程公平和结果公平。克服共享不公平的制度性措施是对现有立法制度进行补充和完善，填补各类立法空白。张贤明、邵薪运指出，政府在改革发展成果实现方面肩负重要责任，要履行民众参与、公共服务均等化、改善民生、不与民争利等责任。① 还有学者从微观调整财政支出结构的角度分析指出，要充分发挥服务型政府的职能作用，通过制定公共政策等措施实现改革发展成果的共享。

从制度保障和安排的角度探究共享发展理念的实现。王瑾指出，加强和完善制度建设是实现共享发展的重要路径，一方面要健全社会保障制度，推进税制改革，完善个人所得税制度；另一方面要改革户籍制度，建立统一的劳动力市场。② 孙肖远指出，落实共享发展必须依靠有效的制度保障，完善共享发展的基本经济制度，完善共享发展的基本分配制度，构建维护公平正义的制度体系。③ 李红松指出要在制度运行和体制变革中实现共享发展，主要应从以下三个方面着手：培育和践行社会主义核心价值观；改革分配制度，加大转移支付力度，大力推进精准扶贫；完善公平正义的法律和制度保障。④ 许艳华指出要以制度建设推进共享发展，主要从坚持基本经济制度、坚持基本政治制度、改革收入分配制度和完善社会保障制度四个大的方面着手，确保将共享发展理念付诸实践。⑤

4. 有关共享研究的其他视角

秦宣在《改革必须依靠人民 改革发展成果必须由人民共享——社会

① 张贤明、邵薪运：《改革发展成果共享与政府责任》，《政治学研究》2010 年第 6 期。

② 王瑾：《共享发展：让群众有更多的获得感》，《当代世界与社会主义》2016 年第 2 期。

③ 孙肖远：《共享发展的理论内涵与实践价值》，《科学社会主义》2016 年第 4 期。

④ 李红松：《共享发展理念的哲学基础与实现路径》，《求实》2016 年第 9 期。

⑤ 许艳华：《构建共享发展的制度保障体系》，《中国特色社会主义研究》2016 年第 4 期。

主义改革的历史经验（三）》一文中，从社会主义改革历史经验的角度谈共享，指出发展成果由人民共享是由社会主义改革的目的决定的；人民群众能否共享发展成果关系到执政党执政的合法性；必须建立人民群众共享改革成果的利益分配机制。[①] 张贤明从改革实现机制理念定位的角度指出，现实中存在着共享实现机制理念定位失范的现象，譬如存在把解决社会发展不平衡、收入分配问题这些“手段”当作“目标”等问题。改革发展成果共享首先需要理念定位创新，这是成果共享的前提和基础。[②] 胡同恭从共享理念的科学性角度指出，共享发展是科学发展观的构成部分即发展目的观。共享理念的科学性在于它是依据经济规律的作用和要求的。经济规律决定了共享的必然性，要实现共享必须做到借助于经济机制与经济杠杆的选择和运用。[③] 孟鑫从分配正义的角度指出，共享发展理念是对西方学界罗尔斯“公平的正义”和诺齐克“持有的正义”的超越，有利于社会主义初级阶段分配公正的实现。[④]

（二）有关发展理念的研究现状

1. 关于发展理念的内涵及其与发展观的关系

对于发展理念与发展观的关系，学界基本认同发展理念即发展观。丰子义在《发展实践呼唤新的发展理念》一文中指出，“所谓发展理念，主要是指对发展本质与意义的最基本的认识和体悟”，“面对国内外新的发展实践，必须加强发展理念即发展观的研究”。[⑤] 工平在《中国共产党发展理念的研究现状》一文中指出：“所谓发展理念，简而言之就是发

---

① 秦宣：《改革必须依靠人民 改革发展成果必须由人民共享——社会主义改革的历史经验（三）》，《福建社会主义学院学报》2007 年第 11 期。

② 张贤明：《改革发展成果共享实现机制的理念定位》，《理论月刊》2009 年第 7 期。

③ 胡同恭：《论共享理念的科学性及其实现》，《现代经济探讨》2008 年第 12 期。

④ 孟鑫：《共享理念与分配正义原则》，《科学社会主义》2016 年第 1 期。

⑤ 丰子义：《发展实践呼唤新的发展理念》，《学术研究》2003 年第 11 期。

展观，是人们对经济社会发展实践总的看法和根本观点。具体而言，是指一个国家、政党或团体围绕为什么要发展、如何发展、怎样发展等一系列问题凝练而成的基本观点、主要方法和具体思路。”①

2. 对中国共产党发展理念历史演进的相关研究

中国共产党发展理念是根据中国具体的国情而提出的发展思路和重要观点。多数学者在研究中国共产党发展理念时，往往会分析其产生的历史背景、时代背景，并对其内容进行较为详尽的解读。中国共产党各个阶段的发展理念都不是孤立存在的，后一阶段的发展理念是对前一阶段发展理念的继承、丰富、发展和创新。郭凡良在其硕士论文《中国共产党发展理念的演进及启示》中从宏观视角深入阐述了中国共产党发展理念的历史演进：赶超发展观、硬道理发展观、第一要务发展观和科学发展观四个阶段，详细分析了形成每一阶段发展观的时代背景和主要内容等，揭示了党在特定历史阶段提出某种发展理念的历史必然性，以及四个阶段发展理念不断丰富、发展和创新的逻辑演进规律。有学者指出，发展理念问题是中国特色社会主义的根本理论问题。改革开放40多年来，中国共产党根据不同历史阶段所面临的不同社会矛盾和发展问题，其发展理念也随着实践探索经历了几次创新，从“发展是硬道理”“发展是党执政兴国的第一要务”，到“以人为本的科学发展理念”，再到“坚持以人民为中心的发展”，形成了一脉相承又与时俱进的中国特色社会主义发展理念。王占霞从发展目标、发展战略、发展模式、发展要求、发展动力、发展布局、发展重点、发展环境八个方面深入分析了中国共产党发展理念的与时俱进。②

3. 关于新发展理念的研究

顾海良指出，新发展理念立足于“当前的国民经济的事实”，赋予

① 王平：《中国共产党发展理念的研究现状》，《吉林省教育学院学报》2013年第12期。

② 王占霞：《中国共产党发展理念的与时俱进》，《理论导刊》2012年第1期。

当代马克思主义经济学新意蕴。共享理念，是对马克思主义经典作家关于社会主义生产目的和社会主义基本经济规律理论、人的自由而全面发展思想的继承，是对社会主义本质理论的重要发展，是对中国特色社会主义经济学理论视野的重要拓展。[①] 陈金龙指出，五大发展理念分别聚焦发展不同角度的问题，体现了目标导向与问题导向、立足国内和全球视野、合规律性与合目的性的统一，实现了发展观念的变革。[②] 郝立新指出五大发展理念是对中国社会发展实质的进一步反思和全方位阐释，共享理念体现了“四个全面”战略布局的出发点和落脚点。[③] 薛澜指出，五大发展理念是对科学发展观的深化，实现社会精细化治理，构建新的制度框架是对党的执政能力提出的新挑战和新要求。[④] 辛向阳从科学社会主义的立场和视角对五大发展理念进行了深入剖析，他认为社会主义的本质决定了发展的创新理念，社会主义的特征决定了发展的协调理念，社会主义的原则决定了发展的绿色理念，社会主义的要求决定了发展的开放理念，社会主义的目的决定了发展的共享理念。[⑤] 有学者指出了五大发展理念的逻辑结构，认为创新理念体现着本体论逻辑，协调、绿色与开放体现着方法论逻辑，共享体现着价值论逻辑。庞元正论述了五大发展理念的哲学基础，认为新发展理念是聚焦中国问题、坚持实事求是思想路线的产物，新发展理念是唯物辩证法的体现和运用，共享发展体现着公平和效率、共建和共享、做蛋糕和分蛋糕的辩证法。[⑥]

关于五大发展理念之间的关系，多数学者都赞同它们之间是辩证统

---

① 顾海良:《新发展理念与当代马克思主义经济学的意蕴》,《中国高校社会科学》2016年第1期。

② 陈金龙:《五大发展理念的多维审视》,《思想理论教育》2016年第1期。

③ 郝立新:《中国特色社会主义实践的战略布局和发展理念》,《中国特色社会主义研究》2015年第6期。

④ 薛澜:《五大发展理念对执政能力提出更高要求》,《人民论坛》2015年第12期。

⑤ 辛向阳:《科学社会主义视阈下的五大发展理念》,《东岳论丛》2016年第6期。

⑥ 庞元正:《论五大发展理念的哲学基础》,《哲学研究》2016年第6期。

一、相辅相成的关系。秦宣指出，现在需要注意的一个关键问题是，这五大发展理念究竟是一个理念的五个方面，还是五个不同的理念。他认为，五大发展理念是中国共产党发展理念里的五个要素，而不是中国共产党有五个发展理念。就像邓小平阐述社会主义本质理论，并非有五句话，而是一句话有五个要点。[①] 笔者赞同这一观点，新发展理念是一个系统，内涵着五个不同的因素，各个因素之间既互相联系，又各有侧重。从以上的研究成果可以看出，对于新发展理念的研究涉及哲学基础、世界意蕴、马克思主义基本理论、与科学发展观的关系等视角，不乏一些真知灼见，但有一些人的研究，还是偏重宏观的、粗线条的研究，亟须微观的、深层次的学理性的研究。

4. 关于国外发展观研究

“二战”后，世界上关于发展理论的研究成果较多，主要体现为“四阶段说”和“五阶段说”。“四阶段说”较具代表性的观点是，当代国外发展观的嬗变先后大致经历了“单纯追求经济增长的‘一维’发展观”“经济增长与社会结构变迁的‘二维’发展观”“可持续发展的‘三维’发展观”“以人为中心的‘多维’综合发展观”四个阶段。“五阶段说”将发展进一步提到人的自由发展的高度。第一个阶段是20世纪40—60年代末，以“经济增长论”为代表的发展观。第二个阶段是20世纪70年代初由罗马俱乐部提出的“增长极限论”。第三个阶段是20世纪70—80年代以“经济＋自然＋社会＝发展”的可持续发展观，注重社会整体综合发展。这一时期已经由以西方为中心，逐渐转变为强调发展中国家要从本国实际出发，走内源性发展为主的道路。第四个阶段是20世纪80—90年代“经济＋自然＋社会＋人＝发展”的综合发展观，强调人与环境的协调发展。阿玛蒂亚·森提出了“作为自由的发展”，发展实质上是自由的扩展，自由才是发展的首要目标。他指出：“发展可以看做

---

① 秦宣：《习近平治国理政思想研究中的三个关键问题》，《党政视野》2016年第Z1期。

扩展人们享有的真实自由的一个过程，聚焦于人类自由的发展与更狭隘的发展观形成了鲜明的对照。”[①] 这一时期强调人与社会的发展要与自然资源以及人的生存环境保持和谐统一。第五个阶段即“以人为中心”的发展观。该观点认为，人的发展是一切发展的目标，人是发展的主体和动力，人是发展的检验者，必须将人置于发展的中心，而社会其他方面的发展只被看作人的发展手段或条件。概括起来说，关于国外发展观的研究有以下几个特点：从起始于发展中国家的局部研究逐渐拓展为包括发达国家在内的普世性研究；从单纯的经济学科向跨学科、多学科综合研究转变；特别是从“世界观”层面向“价值观”层面深化，从以“物”为中心向以“人”为中心提升。

（三）对现有研究成果的分析

总的来看，对共享发展的研究大致可以分为三个阶段：第一阶段是从 20 世纪八九十年代到科学发展观提出之前，共享的研究多集中在信息科学和图书馆学领域。第二阶段是科学发展观提出后到党的十八届五中全会的召开，学界针对“发展成果由人民共享”的理论命题展开了一些研究，主要从共享的概念、必要性、实现机制等角度展开，虽然成果不多，但仍具有一定的借鉴价值。第三阶段是 2015 年末共享发展理念提出至今，共享发展理念一度成为学术界研究的热点，主要围绕共享发展的理论基础、科学内涵、基本特性、现实困境和体制障碍、发展伦理和民生伦理、价值追求和创新、实现路径和机制等多角度展开，成果比较丰硕。特别是在当前扎实推进共同富裕的时代背景下，对共享发展的研究持续火热。但是，由于共享发展理念提出的时间还不到 10 年，对共享发展的研究整体上还处于初步展开阶段，具有宽广视野、学理深

① ［印］阿玛蒂亚·森:《以自由看待发展》，任赜、于真译，中国人民大学出版社 2004 年版，第 1 页。

度、创新见解和理论前瞻性的成果比较少。具体来看，主要体现在以下几个方面。

第一，对于共享发展理念的研究，政策宣传解读类文章多，深度学术研究的文章少；对共享的研究多集中在内涵、必要性、实现路径和机制等传统视角，且出现许多重复的观点，对共享的前提条件、科学内涵、重要意义、制度安排的研究缺乏深度，亟须多角度、深层次、有创新的研究；对于共享发展理念的研究，多侧重于对“共享”的论述，较少从中国共产党发展理念嬗变的角度去考量，对于共享发展理念与国外一些发展观的关系、与科学发展观的关系、与“发展成果由人民共享”的理论命题的关系等相关研究较少，且缺乏理论归纳和科学把握。

第二，对于共享发展的比较研究亟须加强。这既包括纵向的历史比较研究，也包括横向的国际比较研究。纵向来看，要把共享发展理念的研究置于中国共产党的历史中，分析中国共产党在各个阶段提出此问题侧重点不同的原因，进行阶段性和整体性研究。横向来看，中国共享发展理念与西方的福利政策、社会保障制度有何不同，国外的经验哪些是可以借鉴的，国外的教训哪些是应当予以汲取和警惕的。对这些，应具有冷静的分析和理性的鉴别。

第三，对于共享的制度安排和实现路径的研究需要进一步深化。目前的研究，多数停留在党的十八届五中全会提出的举措上，缺乏多层次、多视角、系统化的深入剖析，特别是涉及具体的操作层面时，对有关具体机制和评价体系的研究较少。

三、研究重难点、主要创新点及研究方法

（一）研究重难点

第一，对共享发展的理论渊源、内涵特征和实现路径的研究是本书

的重点。研究共享发展需要国际视野，落实共享是一门很大的学问，如何从道德、制度和机制层面把共享发展及其如何实现讲清楚并具有可操作性，如何把国外有关社会公共服务、社会保障等的经验融入共享的制度机制中，是本书的难点。

第二，共享发展涉及面较广，牵涉马克思主义理论、经济学、政治学、社会学、伦理学、公共政策学等多方面知识，获取、驾驭、运用材料进行分析的难度较大。

（二）主要创新点

第一，本书在相关研究的基础上，通过对马克思主义文献、相关学术著作和期刊论文的整理、分析和研究，从理论溯源、实践基础、国际经验和中国共产党的探索几个方面系统梳理了共享发展理念的形成过程，从宏观上勾勒了共享发展的大致理论脉络，相对于其他相关研究的零碎和不成体系，本研究具有一定的创新性。

第二，本书在对以往的共享概念、内涵和理论意蕴进行研究的基础上，结合具体实践和时代特征，对共享的内涵进行了学理性的概括，并在此基础上提炼出共享具有公正性、包容性和渐进性三个特征，具有一定的创新性。

第三，本书在对共享现状和原因分析的基础上，从价值目标、制度保障和具体机制三个层面提出共享的实现路径和机制，是一种新的研究尝试。

（三）主要研究方法

第一，文献研究法。任何研究都要建立在对已有成果分析的基础之上。本书通过对马克思主义经典著作相关论述、中央文件、相关的学术论文、学术专著、期刊报纸文章等多方面的文献进行查询、收集、归纳整理和分析，形成研究的基本思路。特别是在第一章中，笔者对共享发展理念的理论渊源、探索过程和形成依据的研究，主要是基于大量文献的梳理和研究基础上。

第二，多学科分析法。本书的研究涉及知识面广、学科跨度较大，笔者是在广泛阅读马克思主义理论、经济学、政治学、社会学和伦理学等相关著作的基础上展开研究的。

第三，系统研究法。本书把共享发展理念的研究作为一个有机的整体，坚持从历史到理论再到现实的逻辑思路，从共享发展理念的理论渊源入手，逐步分析共享发展的内涵特征和实现路径，用整体性思维进行考察，从宏观上勾勒理论的逻辑线条，实现历史与现实、理论与实践的统一，展现共享发展理念的理论价值、实践价值和时代价值。

第一章

共享发展理念的形成依据

共享发展理念绝非无根之木，而是有着深厚的理论渊源和广泛的实践基础，中国传统“大同”思想、空想社会主义者的共享思想和马克思主义经典作家的共享思想，共同构筑了共享发展的理论源泉。从实践基础来看，中国改革开放以来的发展经验是共享发展的重要依据，东欧剧变、苏联解体的教训和拉美“中等收入陷阱”是共享发展理念的重要鉴戒。从国际经验来看，国外先进发展观的精华是共享发展的理论借鉴，古巴模式“人民共享”思想和瑞典模式“利益共享”思想为共享发展理念的形成提供了有益的借鉴。

一、共享发展理念的理论溯源

共享发展理念，正如恩格斯在论述马克思主义的产生时所指出的：“同任何新的学说一样，它必须首先从已有的思想材料出发，虽然它的根子深深扎在物质的经济的事实中。”[①] 这表明，研究任何一个理论问题都要首先把前人相关的思想成果作

① 《马克思恩格斯文集》第 9 卷，人民出版社 2009 年版，第 382 页。

为自己研究的前提和条件。“共享”，顾名思义就是“共同享有”，一方面反映着生产关系角度的共同占有，另一方面蕴含着发展生产力增加社会财富的要求。因此，共享和共同富裕虽然具有过程与目标、动态与静态等相对意义上的细微差别，但是在思想渊源上有共通的地方，很多时候，共享与共富会连在一起讲，显然这并不会影响彼此的精神实质。共享共富、公平正义是古往今来的人们所向往的美好社会理想和崇高价值追求，无数仁人志士、思想先哲在这条道路上进行了艰辛的探索和尝试，积累了丰富的思想成果，对今天建设公正共享的社会具有重要的思想启迪作用。追溯共享发展的理论来源，共享发展理念既是对中国传统的“大同”思想和空想社会主义的合理扬弃，更重要和根本的是对马克思主义共享思想的继承发展，体现着理论继承和历史超越。

（一）马克思主义经典作家共享思想

马克思主义经典作家对空想社会主义思想进行了批判继承，他们虽然没有明确提出“共享”这一理论名词，但是在他们的诸多著作、文章和论述中，蕴含着共享思想的深刻内涵。

1. 马克思、恩格斯在对资本主义批判的基础上，提出了社会主义社会发展的目标是全体社会成员的共同富裕

第一，马克思、恩格斯揭露了资本主义的贫富两极分化等社会矛盾。对于资本主义社会和资产阶级的种种罪恶，空想社会主义经典作家早就进行了揭露和批判。马克思和恩格斯并没有从这些简单的表象出发，而是通过科学的研究和深刻的批判，揭示了资本主义产生、发展和灭亡的规律。马克思、恩格斯在《英国工人阶级状况》、《资本论》（第一卷）中对工人阶级的生活状况作了详尽的描述，揭露了资本主义社会两极分化的现象。资本主义制度下的现代工业不断制造出现存的分工，把人变成资本活的附属物。资本主义体系中生产力的提高都是靠牺牲工人来实现的，工人是机器的附属品，丧失了作为人的独立性，不断畸形

发展。马克思、恩格斯在《共产党宣言》中分析了资本主义社会贫富两极分化的矛盾，在资本主义社会，资产阶级“使人口密集起来，使生产资料集中起来，使财产聚集在少数人的手里”[①]。工人像机器一样作为生产工具被人购买，工人生产和创造的财富越多，受剥削的程度就越深。

第二，马克思、恩格斯揭露了资本主义贫富分化的根源是生产资料的资产阶级私有制。生产者和生产资料相分离，决定了工人在雇佣劳动中处于受剥削的地位。在资本主义社会，“一方面，生产过程不断地把物质财富转化为资本，转化为资本家的价值增值手段和消费品。另一方面，工人不断地像进入生产过程时那样又走出这个过程——是财富的人身源泉，但被剥夺了为自己实现这种财富的一切手段。……工人本身不断地把客观财富当做资本，当做同他相异化的、统治他和剥削他的权利来生产，而资本家同样不断地把劳动力当做主观的、同它本身物化的和实现的资料相分离的、抽象的、只存在于工人身体中的财富源泉来生产，一句话，就是把工人当作雇佣工人来生产”[②]。私有制决定了资本同劳动的对立，通过劳动向资本的转化，资本家无偿占有工人创造的剩余价值。随着资本不断的重新增值，财富与贫困迅速分化成两极。通过对资本主义生产方式的分析，马克思指出：“应当摒弃‘做一天公平的工作，得一天公平的工资’这种保守的格言，要在自己的旗帜上写上革命的口号：‘消灭雇佣劳动制度’!”[③]要消灭雇佣劳动制度，工人阶级必须联合起来通过推翻资本主义制度的途径来实现，最终实现自身的彻底解放，真正当家做主。只有资本主义的替代物——未来的新社会，才能消除资本主义社会的种种弊端，保证全体社会成员过上没有剥削和压迫、物质富裕和精神富足的生活。

---

① 《马克思恩格斯全集》第 1 卷，人民出版社 1995 年版，第 277 页。

② 《马克思恩格斯全集》第 23 卷，人民出版社 1972 年版，第 626 页。

③ 《马克思恩格斯全集》第 2 卷，人民出版社 1995 年版，第 97 页。

第三，马克思、恩格斯在批判资本主义的基础上提出未来社会的发展目标。未来社会是一种比资本主义更为优越的社会制度，那时，生产劳动将会从“一种负担”转变成“一种快乐”，因为生产劳动给每一个人发展自己兴趣、展示自己才能的机会，使人自身免受奴役而不断获得解放。未来社会将在消灭私有制的基础上，消除三大差别，各尽所能，各取所需，实现马克思、恩格斯“每个人的自由发展是一切人的自由发展的条件”的设想。在对未来社会的设想中，他们指出了社会生产的目的，是使所有人即全体社会成员生活富裕。在取代资本主义制度的新社会里，“社会生产力的发展将如此迅速……生产将以所有人的富裕为目的”①。不同社会的生产目的是不一样的，在资本主义制度下，工人的劳动服务于资本家财富的增值，在未来社会中，工人的劳动成为丰富、提高和改善他们自身生活的一种手段。未来社会的生产不再是为了少数的剥削者，而是为了全体社会成员，满足生产者对他们自身发展的要求。在未来社会制度下，人们从事的是有益于自身发展的工作，不仅要提高社会成员的物质福利，而且要满足社会成员的精神需求，使他们能够自由发展。结束少数人对多数人的剥削、满足全体社会成员物质和精神上的双重需求是未来社会一定要达到的目标。

马克思关于未来社会的设想，是共享发展最重要的理论基础，“自由人联合体”思想是对共享最生动完整的阐释，蕴含着共享的终极目的、物质前提、根本保障和根本途径。

（1）共享的终极目的是要实现每个人的自由全面发展。这也是科学社会主义的最高命题，恩格斯应朱·卡内帕的请求为《新世纪》周刊题词中，表达关于未来社会主义的基本思想。他引用《共产党宣言》中的话：“代替那存在着阶级和阶级对立的资产阶级旧社会的，将是这样一

① 《马克思恩格斯全集》第 31 卷，人民出版社 1998 年版，第 104 页。

个联合体，在那里，每个人的自由发展是一切人自由发展的条件。”[①] 在《1844年经济学哲学手稿》中，马克思在谈“异化”问题时指出，人本身就是发展的目的，把人当作发展的手段或者工具是本末倒置，无产阶级就是要为了人类的解放和幸福而努力奋斗，这也正是无产阶级政党的“初心”。1847年，恩格斯在《共产主义原理》中指出：“根据共产主义原则组织起来的社会，将使自己的成员能够全面发挥他们的得到全面发展的才能。”[②] 在《资本论》中，马克思把“每个人的全面而自由的发展”作为共产主义社会的“现实基础”和“基本原则”，马克思在《资本论》第3卷、《1857—1858年经济学手稿》和《给祖国纪事杂志编辑部的信》中，又从人类本性、社会形态、经济形态等角度对这一原则进行论述，明确指出社会发展的最终目标是实现人的自由全面发展，阐释了共享的最终目的。

（2）共享的前提是生产力的快速发展。马克思、恩格斯在《德意志意识形态》中指出，“生产力的高度增长和巨大发展”是消灭资本主义“绝对必须的前提”，“因为如果没有这种发展，那就只会有贫穷、极度贫困的普遍化；而在极端贫困的情况下，必然重新开始争取必需品的斗争，全部陈腐污浊的东西又要死灰复燃”。[③] 生产力是社会发展的最终决定力量，如果没有生产力的快速发展，不可能确立新的社会制度，也就不能为全体社会成员“共享”社会福利提供物质前提和制度保证。《共产党宣言》中也指出，无产阶级夺取政权后，应“尽可能快地增加生产力的总量”[④]。马克思还指出，只有通过生产力的提高，才可以缩短工人的劳动时间，使社会成员有闲暇时间参加社会公共事务，依据个人兴趣爱好

---

① 《马克思恩格斯选集》第1卷，人民出版社1995年版，第294页。
② 《马克思恩格斯选集》第1卷，人民出版社1995年版，第243页。
③ 《马克思恩格斯选集》第1卷，人民出版社1995年版，第86页。
④ 《马克思恩格斯选集》第1卷，人民出版社1995年版，第293页。

从事创造性的活动，满足人民群众的需要。

（3）共享的根本保障是生产资料的社会占有。所有制问题是无产阶级解放运动的基本问题，共产主义就是要废除资产阶级的所有制。《共产党宣言》中提到的无产阶级夺取政权以后采取的十项措施，其中有六项都是关于如何消灭私有制的。马克思认为应该共同占有土地、矿山、铁路、工厂等一切生产资料，恩格斯指出："生产资料由社会占有，不仅会消除生产的现存的人为障碍，而且还会消除生产力和产品的有形的浪费和破坏，这种浪费和破坏在目前是生产的无法摆脱的伴侣，并且在危机时期达到顶点。"[1] 生产资料的社会占有可以解决生产的社会化与生产资料的私人占有之间的矛盾，人们在生产资料面前实现了平等，每个人才能像其他人一样只是劳动者，不能靠占有生产资料去剥削他人，阻碍社会发展。联合起来的劳动者通过直接占有生产资料，改变以往资本对劳动的剥削和雇佣关系，人才能真正成为自然界的"自觉的和真正的"主人。这种社会所有制并不是未来社会的目标，只是实现社会发展目标的手段。只有在公有制基础上，人才能全面地占有和控制社会关系，实现马克思、恩格斯"每个人的自由发展是一切人的自由发展的条件"的设想。

（4）共享的根本途径是产品的合理分配。通过生产力的发展使社会总产品的数量大大增多之后，产品如何分配就是一个关键的问题。生产方式决定分配方式，分配方式则取决于"有多少产品可供分配"。在未来社会，究竟应该采用怎样的分配方式。较低的生产力发展水平决定了还不能按需分配，社会主义社会虽然消灭了剥削制度，但是由于生产力发展水平的制约，不可避免地带有旧社会留下的痕记。在这种情况下，实行按劳分配是最公平的分配方式。"生产者的权利是同他们提供的劳

---

① 《马克思恩格斯选集》第3卷，人民出版社1995年版，第633页。

动成比例的；平等就在于以同一尺度——劳动来计量。”[①] 按劳分配不承认由于生产资料私人占有所产生的阶级差别，大家都仅仅是劳动者，这样就向社会平等迈进了一大步。但这种平等的权利，对情况各异的劳动者来说是不平等的权利。然而这些弊病在社会主义社会阶段是不可避免的，只有到了共产主义高级阶段，才能真正实现按需分配。

马克思、恩格斯不是像空想社会主义者那样从美好愿望出发描绘未来社会的图景，而是通过剖析资本主义的社会形态尤其是其经济形态，通过科学的研究和严谨的逻辑分析得出结论。马克思、恩格斯最为关注的是生产力发展问题和生产资料所有制问题，认为这是未来社会能否实现发展目标的关键。社会主义的核心就在于它要消除资本主义的各种剥削和奴役等异化现象，在经济发展中坚持社会发展的内涵，最终实现共同富裕。这既符合社会发展的基本规律，也符合人民的根本利益，对指导共享发展具有重要现实意义。

2. 列宁在社会主义实践中深化了对“共享”的认识

列宁对社会主义的认识不局限于马克思和恩格斯对未来社会的设想，而是将马克思主义基本原理同俄国实践与时代特征结合起来，深化对社会主义的认识，并对共享的主体、根本途径和方法等进行实践探索。

（1）列宁认为共享的主体是全体劳动者，社会主义制度是共享的制度保障。列宁在 1903 年就曾指出：“我们要争取新的、更好的社会制度：在这个新的更好的社会里不应该有穷有富，大家都应该做工。共同工作的成果不应该归一小撮富人享受，应该归全体劳动者享受……这个新的、更好的社会就叫社会主义社会。关于这个社会的学说就叫社会主义。”[②]1904 年，他又指出在社会主义社会里“共同劳动所创造的财富将

---

① 《马克思恩格斯选集》第 3 卷，人民出版社 1995 年版，第 304 页。

② 《列宁选集》第 7 卷，人民出版社 1986 年版，第 112 页。

归全体劳动者享用而不是为一小撮富人享用。他们要使土地、工厂和机器变为全体劳动者的共同财产。他们要使人不再分为富人和穷人，要使劳动的果实归劳动者自己，要使人类智慧的一切成就和工作中的一切改进都用来改善劳动者的生活，而不是成为压迫劳动者的工具"①。列宁认为，建立社会主义这个美好的社会制度，根本目的就是让全体劳动者共享劳动成果，而不是归一小撮富人享用。对于那些反对甚至破坏社会主义建设事业的人，是不能够和人民群众共享发展成果的。列宁特别强调满足农民的利益要求，把农民纳入共享的主体。列宁认为俄国建设社会主义必须把农民放在第一位，决不允许公开或变相地剥夺农民，应采取一系列过渡办法引导农民从根本上摆脱剥削和贫穷，走上共同富裕的社会主义道路。列宁还指出，为了解放被压迫的那部分人，社会主义将会消灭社会的阶级划分以消除剥削，从这个角度讲，社会主义制度是正确的、公正的，为共享提供了制度保障。

（2）列宁认为共享的根本途径是根据科学原则进行产品的生产和分配。列宁继承了马克思、恩格斯社会发展的根本目标是全体社会成员的生活富裕，最终实现马克思、恩格斯的设想。1918 年列宁指出："只有社会主义才可能广泛推行和真正根据科学原则进行产品的社会生产和分配，以便使所有劳动者过最美好的、最幸福的生活。"② 列宁指出："工人阶级要获得真正的解放，必须进行资本主义全部发展所准备起来的社会革命，即消灭生产资料私有制，把它们变为公有财产。"③ 俄国革命胜利后，必须立刻没收地主的全部土地和垄断资本，铲除土地和生产资料私有制，实行国有化。所有工厂和矿山以及所有大地产都归整个社会所有，实行由工人自己进行管理的共同的社会主义生产。实行"不劳动者

① 《列宁选集》第 8 卷，人民出版社 1986 年版，第 193 页。
② 《列宁选集》第 3 卷，人民出版社 1995 年版，第 546 页。
③ 《列宁选集》第 6 卷，人民出版社 1986 年版，第 193 页。

不得食”和“对等量劳动给予等量产品的原则”。

（3）列宁认为共享的前提是大力发展生产力，创造出比资本主义更雄厚的物质基础。十月革命后，列宁提出要从“夺取俄国”过渡到“管理俄国”，生产力的发展是社会发展与进步的最高标准，为了发展生产力，列宁提出了几项重大举措。一是大力推进工业化和电气化。列宁认为，大工业是社会主义最重要的物质基础，可以巩固国防、确保苏维埃经济的独立。列宁认为，发展重工业是成为独立国家的必要前提。然而，简单地发展大工业并不够，更重要的是要实现全国的电气化，消除偏僻乡村的愚昧落后和疾病丛生状况，提高农村的文化水平，进而消除城乡之间的对立。二是实行农业合作化。列宁从农民的实际情况出发，推行新经济政策，培育农贸市场，逐步引导农民走合作化的道路。列宁在《论合作社》一文中提出了通过合作制用社会主义原则改造农业的思想。合作社的性质取决于政权和基本生产资料掌握在哪个阶级手中。在社会主义条件下，国家掌握了生产资料，合作社本身就是社会主义性质。列宁认为，合作社是农民私人利益与社会主义国家利益的结合点，既调动了农民的生产积极性，又可以将农民联合起来，限制自由贸易的消极性，适应了把小生产引向社会主义生产的需要。列宁指出：“在生产资料公有制的条件下……文明的合作社工作者的制度就是社会主义的制度。”[①] 从这个意义上讲，合作社的发展也就等于社会主义的发展。三是发展商品生产。在总结俄国革命和建设的经验之后，列宁提出了建设社会主义必须保留和利用商品经济的理论，认为贸易自由可以调动小生产者的积极性，保证他们经济利益的实现。列宁认为，必须“再后退”，通过商业这条更迂回的道路建设社会主义。1921 年，列宁指出俄国要恢复和发展经济必须以市场和商业为基础，商业是“必须全力抓住的环节”。列宁认为，在一个经济遭到空前破坏的农业国家，商业可以成为联系农业和工业的“中间

---

① 《列宁选集》第 43 卷，人民出版社 1987 年版，第 365 页。

环节”，通过商品交换使农民对经营产生兴趣，提高农业劳动生产率，进而扩大工业化所必需的粮食与经济作物的生产，改善市场供应，给人民以看得见的利益。列宁甚至号召国家干部和布尔什维克要学会经商。列宁规定的这样一个不同于以前的商品生产和分配的经济制度，貌似与共产主义生产和分配南辕北辙，实质上更加适合俄国国情和社会主义建设的规律，为全体人民共享共富打下了坚实的物质基础。

（4）列宁认为共享的实现要充分发挥人民群众的积极性，不断满足他们的经济、政治和文化需求。列宁认为社会主义建设必须同个人利益相结合，才可以显著提高劳动生产率，这是保证新社会制度胜利的最重要的东西。社会主义制度是否优越，人民群众是检验者和判断者，必须让人民群众以主人翁的身份参与到社会主义建设中去。在社会主义条件下，有可能“把真正大多数劳动者吸引到这样一个工作舞台上来，在这个舞台上，他们能够大显身手，施展自己的本领”①。不难看出，列宁已经初步提出了社会主义共享的依靠力量。社会主义的生产目的就是不断满足人民的需要，使人民摆脱资本主义制度下的剥削和压迫，过上美满幸福的生活，这是社会主义的目标和基本原则。列宁十分清醒地认识到：无产阶级执政的合法性并不是一劳永逸的，必须根据形势的变化，不断制定正确的方针和政策，来满足人民的利益和需求。如果不能在经济发展的同时为人民谋取新的利益，那就不是社会主义。必须在现有的生产力水平所可能提供的条件下，最大限度地满足社会成员的物质和文化生活需求；借口经济落后而不在现实条件许可的范围内满足人们的需要，肯定会偏离社会主义发展的目标。列宁还认为，人民群众的文化水平影响他们对国家的管理和监督，并直接影响社会主义民主的实现程度。列宁指出要通过“文化革命”也即社会主义文化建设，使俄国成为“完全社会主义的国家”。具体包括扫除文盲，普及科技教育；尊重知识

---

①《列宁选集》第3卷，人民出版社1985年版，第375页。

和人才；大力发展科教文卫事业，建设社会主义精神文明等。可以看出，列宁把文化发展成果也列入了共享的范畴，并且充分认识到了文化建设的特殊性，这是难能可贵的。

（二）中国传统“大同”思想

中国传统“大同”思想是中国传统的理想社会观，早在2000多年前孔子在《礼记·礼运》中就曾对大同社会进行了具体详尽的描绘。东晋文学家陶渊明的《桃花源记》表面寄情于“良田美地……鸡犬相闻，黄发垂髫，怡然自乐”的田园生活，实则蕴含着和谐“大同”的政治理想，即在这个社会中，没有阶级压迫，没有剥削奴役，没有环境污染，没有尔虞我诈，每个人都轻松自在地生活，人与人、人与自然和谐相处。这些设想堪称中国古代的“乌托邦”，比欧洲空想社会主义早了1200多年。近代中国，列强入侵，民不聊生，依旧没有湮灭中国人对“大同”理想的追求，康有为的《大同书》重申并发展了“大同”理想；孙中山先生于1924年提出了“民有、民治、民享”的政治主张。从孔子到陶渊明、康有为、孙中山，代表着中华民族追求“大同”社会的一个宏观线索。“大同”思想还零散分布于传统治国理念、历代农民起义的主张及一些历史文化典籍和政治纲领中，总的来讲，一方面蕴含着对生产资料共有、“均贫富”、人与人之间没有等级差别和剥削压迫的理想社会的向往，另一方面体现着“不患寡而患不均，不患贫而患不安”的治国理念。共享是人人平等基础之上的普遍受益，与“大同”思想具有内涵上的一致性和思想上的共通性，主要体现在“均贫富”的平等思想、公有的社会制度和“天下为公”的民生情怀三个方面。

其一，“均贫富”的平等思想。中国传统社会推崇“人人皆可为尧舜”的人性“平等”思想，“不患寡而患不均”。中国古代诗歌等文学作品中，有不少对封建时代贫富差距的描绘，譬如《汉书》中描述的“富者累巨万，而贫者食糟糠”，“强者兼州城，弱者丧社稷”，杜甫的千年名句“朱门酒肉臭，路有冻死骨”，都披露了封建社会豪门奢侈、贫民涂炭的巨大落差和分化，反映了劳动人民对封建剥削的极大不满。也正是因此，中国古代的农民起义多数都以“均贫富”的政治诉求号召和聚集民众，例如唐末黄巢起义的“天补均平”，南宋钟相、杨幺的“等贵贱、均贫富”，明朝李自成的“均田免粮”等。最具代表性的是清代洪秀全的太平天国运动，力图重新分配天下土地，创造“无人不饱暖，无处不均匀”的理想社会。陶渊明在彭泽县令任上，曾经推行过“削富济贫，充实国库”的政治改革。中国古代圣贤秉持“中庸”的治国之道，认为农民没有土地、贫富悬殊是人民造反、社会不安定的主要原因，春秋时期的管仲曾在《管子·国蓄》中言道：“夫民富则不可以禄使也，贫则不可以罚威也。法令之不行，万民之不治，贫富之不齐也。”[①]警示封建统治者贫富悬殊不利于巩固封建统治，在治国理政、制定法律的时候，一定要关注分配平均与否。五代时期的《谭子化书》中指出：“均其食，天下治。”孔子甚至还提出，要把贫富差距控制在一定的限度与范围之内，《论语》中记载“圣人之制富贵也，使民富不足以骄，贫不至于约”[②]。汉代的董仲舒进一步指出“使富者足以示贵而不至于骄，贫者足以养生而不至于忧”[③]，只有贫富差距合理，社会才能长治久安。至于如何控制贫富差距，使人民能够丰衣足食、幸福生活，古人也有一些朴素的设想。孟子曾提出“五亩之宅，树之以桑，五十者可以衣帛矣；鸡豚狗彘之畜，无失其时，七十者可以食肉矣；百亩之田，勿夺其时，八口之家可以无饥矣”[④]，是让人民过上一种衣食无忧、共同致富的生活的具体细致且具有可操作性的设想。太平天国的《天朝田亩制度》中也有一些具体

---

① 《管子·轻重丁》。

② 《论语·季氏》。

③ 《春秋繁露·制度篇》。

④ 《孟子·梁惠王上》。

的操作路径，为了达到“有田同耕，有衣同穿，有饭同食”的目标，太平天国具体制定了土地和产品的分配规则与办法，产品依据每个人使用的数量进行分配，剩余的归国库，在畜牧和纺织等农副产业中实行公有制的分配。

其二，公有的社会制度。孔子描述的“大同”社会，在所有制上主张公共所有，推举贤能的人进行生产管理和社会治理，人与人之间讲信修睦，天下为大家所共同拥有，是一个和谐的大家庭。他说的虽然不是真正意义上的公有制，却代表了建立公有制度的社会理想。太平天国倡导“人人不受私，物物归上主”的公有形式，希望废除封建土地的私有制，建立土地公有制和财产公有制，不分性别，而是依靠年龄与人口对土地进行平均分配的纲领。当然，在具体的实践操作中，天平天国的领导人并没有能够按照这个纲领严格履行、严于律己，存在着理想和实践的偏差与矛盾，却也代表着一种相对先进的政治理想的萌芽。康有为更是把财产公有视为实现大同社会的关键性前提。他在《大同书》中提出，“人人皆教养于公产而不恃私产，人人即多私产，亦当分之于公产焉，则人无所用其私”，“惟人人皆公，人人皆平，故能与人大同也”。[1]康有为的“大同”思想中，已经有了生产资料公有制的思考，他认为私有制去除了，世界就没有了剥削与被剥削，没有了欺诈、压迫、贫困和战争，实现“人人皆公，人人皆平”的“大同”理想也就顺理成章了。他还指出，在“大同”社会里，生产力高度发达，国家已经消灭，地球为一家，人与人之间不分贵贱，家庭也已经消灭，女性不再受到夫权的压迫等。从一定程度上讲，这些与马克思、恩格斯构想的共产主义社会有相通的地方。后来，他的“大同主义”进一步发展，将私有制视为万恶之源。

其三，“天下为公”的民生情怀。中国历史上，“天下为公”的社会

---

① 康有为:《大同书》，华夏出版社 2002 年版，第 95 页。

政治理想为历代仁人志士所不懈追求。“天下为公”寄托着古人治国理政的圣王之道。西周初期的政治家、军事家姜尚曾经指出：“同天下之利者得天下，擅天下之利者失天下。”[①]告诫统治者“天下乃天下人之天下”，必须与百姓同忧乐、同好恶，与百姓同享天下，树立“大道之行，天下为公”[②]的治国之道，才能江山永固。“天下为公”寄托着古代和近代圣哲先达的民生关怀。孔子提出“博施与民而能济众”的社会主张，主张以民为重、给民众以恩惠。《尚书》中曾有“民为邦本，本固邦宁”的思想。孔子还提出“老者安之，少者怀之”的“安老怀少”的主张。孟子提出“老吾老，幼吾幼”，认为全社会是一个和谐的大家庭，尊重老人，关怀儿童，并且每个人不仅仅是关怀自己家的老人和儿童，而是将全社会的老人和儿童都当作自己的亲人，老有所养、壮有所用、少有所育，各得其所，和谐生活。太平天国的《天朝田亩制度》中指出“务为天下人所共享”。康有为有感于国难，亦哀于民生，勾勒了“人人相亲、人人平等、天下为公”的理想王国。孙中山以“天下为公”作为其革命的理论指导，终身为民生奔波。他设想的民生主义社会中，“民幼有所教、老有所养，分业操作、各得其所”，人人各尽其时、各执其业、贫富均等，呈现自由、博爱和平等的图景，体现着他的阶级立场和政治追求。孙中山在《三民主义》中指出：“民有、民治、民享的意思，就是国家人民所共有，政治是人民所共管，利益是人民所共享。”[③]描述了他心目中的理想社会，特别是提出了利益由人民共享的思想，被中国共产党所借鉴。

中国传统“大同”思想反映了劳动人民的愿望、统治者的治国之道和历代先哲的思想智慧与人文情怀，蕴含着共享共富思想的萌芽。但是

① 《六韬·文韬》。

② 《礼记·礼运》。

③ 孙中山：《三民主义》，岳麓书社 2000 年版，第 205 页。

由于它们产生于封建时代或半殖民地半封建时代，所以要对这些思想进行客观、科学的分析和评价。封建时代的“大同”思想多数都有“均贫富”、反对财富分配悬殊、主张绝对平均主义的要求，具有忽视社会现实的空想性质。封建社会阶级对立、等级森严，人与人之间在生产关系上就是不平等的，在社会地位上更存在着不可逾越的鸿沟，所谓“大同”“公正”“平等”，只能是道德层面的规范和教化，对从根本上改变封建等级制度是无济于事的。从生产力发展程度上讲，中国当时的生产力水平虽然已经高于世界上其他国家与地区，但由于尚处于农业时代，从根本上改造自然和世界的能力还比较低。自给自足的封建小农生产，风调雨顺尚可得温饱，若逢自然灾害则可能遭遇饥馑，很难实现生活水平的提高。从生产关系角度来讲，在土地私有的情况下，农民作为贫雇农依附于封建地主，生产出来的劳动成果绝大部分都要缴付地租和苛捐杂税，剩余的部分仅够维持自身的再生产，荒年甚至饥寒交迫、流离失所、饿殍遍野。从实现路径来讲，这些思想从根本上没有摆脱对统治者的依赖。康有为认为“大同”社会的实现，不需要经过阶级斗争，也不需要革命流血，而是认为通过口头广泛宣传“大同”世界的好处，等到赞成的人逐渐多起来，“大同”社会就到来了。毛泽东读《大同书》时一针见血地指出，康有为没有也不可能找到一条通往大同世界的道路。①因此，从物质基础、生产关系和实现路径各个角度分析，封建时代想要实现“均贫富”的“大同”社会是不现实的。

另外，“均贫富”思想本身带有历史局限性。从一定程度上讲，人民宁可忍受“寡”也不愿意忍受“不均”，这是与当时较低的生产力发展水平和物资匮乏的时代相对应的，“在消费品严重不足的条件下，既然每个人的需要都无法完全被满足，那么平均分配就是最理想的分配方

① 《毛泽东选集》第 4 卷，人民出版社 1991 年版，第 1471 页。

式”[①]，将平均理解为平等，反映了封建时代对公平正义的追求，与真正的共享共富还是有很大差距的。当然，中国传统“大同”思想虽然不免带有封建时代的烙印，但也在一定程度上预示了未来人类社会历史发展的必然方向。这些宝贵的思想火花已经并将继续对中国的改革和发展产生潜移默化的影响。中国传统“大同”思想经过上千年的历史浸润，作为一种对美好社会理想憧憬的民族心理愿望被沉淀下来，成为共享发展理念不能割舍的传统文化根脉。

（三）空想社会主义者的共享思想

资本主义取代封建专制是历史的巨大进步，然而资本主义“羊吃人”“血与火”的残酷也给民众带来了深重灾难，所谓“自由”“平等”，只是少数资产阶级的特权，广大劳动人民依旧生活在贫困当中，生产力的发展并没有随之带来平等程度的提高，反而加剧了贫富分化。由此，空想社会主义应运而生。空想社会主义作家怀着对劳动人民的同情和改造社会的强烈责任感，在批判资本主义私有制的基础之上，提出了具有初始含义的“社会主义”，倡导“公正”“和谐”“平等”“消除剥削”等理念，内蕴着丰富的“共享”元素。这些主要体现在空想社会主义者们反对私有制、主张社会平等以及追求社会和谐的理想目标三个方面。

其一，反对私有制，主张财富的公有共享。托马斯·莫尔在《乌托邦》中指出，如果不彻底废除生产资料的私有制，人类将始终不能摆脱贫困和灾难。莫尔指出，如果想要建立公正的社会秩序，必须从根本上彻底废除私有制，财富归全体人民所有，实行按需分配。康帕内拉在《太阳城》中勾勒了一个不存在私有的财产制度，不存在偷盗和抢劫，实行财产公有、按需分配与普遍义务劳动的带有平均主义色彩的理想社会。圣西门认为所有制是社会大厦的基石，主张实行大多数人拥有财产

① 宗开宝:《共同富裕论——思想理论与实证》，中国环境科学出版社 2011 年版，第 4 页。

平等的实业制度。傅立叶的“共享”思想主要体现在他对“法郎吉”的构想上，这就是实行全民自愿合作的和谐制度。“法郎吉”以农业为主，工商业只是一个补充，人们根据自己的爱好组成若干个“谢立叶”，从事各个种类的劳动，以劳动竞赛取代资本主义竞争。只是他并不完全主张废除私有制，只是尝试将雇用劳动者变为私有者，他的“共享”思想还包含着贫富差距，因此只能存在于想象中。他的“法郎吉”试验最终以失败而告终。欧文提出生产资料公有的“合作公社”，认为社会不公都是由于不合理的制度引起的，主张全体社会成员都在公社中自觉自愿、有计划地从事工农业劳动，消费品按需索取，都不同程度地体现了公有共享的基本特征。

其二，主张社会平等，但具有平均主义色彩。摩莱里在 1775 年发表的《自然法典》中主张平均主义，马布利则主张建立一个“人人都是富人，人人都是穷人”[①] 的无差别的、平均主义的理想社会。康帕内拉在他写的《太阳城》中也虚构了一个财富公有、普遍性的义务劳动与按需分配的但是带有明显的小生产平均主义色彩的太阳城。需要指出的是，19 世纪初的空想社会主义者在这方面发生了思想转变，他们不主张分配上的平均主义，而是倡导有差别的分配。圣西门倡导每个人都参与劳动，按才能和贡献进行分配，维护社会成员凭借私有财产获得的权利。傅立叶的“法郎吉”实行差别分配，5/12 分配给劳动，4/12 分配给资本，最后剩余的 3/12 再按劳分配，这不可避免地带有贫富差距。

其三，以财产公有、社会和谐为理想目标。一个和谐的社会，必然是一个人人能够合理共享的社会。空想社会主义作家将共享与和谐联系在一起，把社会和谐当作共享的实现形式，傅里叶将他的“法郎吉”称为“和谐制度”，欧文将他的“合作公社”称为“新和谐公社”。针对严重的社会两极分化，空想社会主义作家认为私有制是经济和政治不平等

---

① 《马布利选集》，商务印书馆 1981 年版，第 82 页。

的根源，富人的财富完全来源于对穷人的掠夺，“文明的制度”是巧妙掠夺穷人而使富人发财的组织，个人利益和集体利益之间存在着极度的矛盾。而财产公有制可以提高劳动生产率，使社会物质财富涌流，使社会没有贫富悬殊，人人具有平等的政治和经济地位。在和谐制度之下，旧式的分工已经消除，所有人都具有同等的享受劳动成果的权利，妇女和男人一样具有平等的权利。每一个人可以不必束缚自己的个性，根据自身的才能和喜好，自由地发展自我。

空想社会主义作家们的论述闪烁着共享思想的火花，并对未来社会提出了一些初步的制度设计，譬如消除私有制和剥削、人人参与劳动、按贡献分配、对工人进行民主管理、有计划地进行社会生产等，为共享奠定了生产关系基础。在他们设想的社会里，城乡差别、工农差别和体脑差别都不复存在，科学文化艺术蓬勃发展，并不断提高生产的效率。然而，由于生产力发展水平和历史的局限性，纵然是天才的构想，也只能流于空想。因为空想社会主义产生于资本主义的早期，资本主义社会的基本矛盾还没有全面凸显，无产阶级的阶级力量也还没有形成，无产阶级与资产阶级的阶级斗争尚不明朗。空想社会主义作家对资本主义制度的批判基本都是基于唯心主义立场，建立在伦理原则之上，不能把握社会发展的客观规律，不能找到消灭资本主义的根本途径。他们希冀通过超越生产力的发展，以超现实的方法来实现不现实也不可能实现的理想社会，这是不符合人类社会发展规律的，科学社会主义对空想社会主义的超越正是在于从生产力与生产关系相统一的高度出发，将社会主义重新置于“现实的基础”之上。但是从人类关怀和社会责任的立场上看，空想社会主义者对尽善尽美的未来社会进行探索的动机和努力都是值得敬佩的；他们在生产资料所有制、社会平等、社会分配和社会和谐等方面的思想对后人共享的启迪也是值得肯定的。

二、共享发展理念的实践基础

马克思曾说："时代孕育理论，一切划时代的体系的真正内容，都是由于产生这些体系的那个时期的需要而形成起来的。"[①]任何一种理论或发展理念，都是在一定的社会历史条件和时代背景下产生的，这也正是该理论产生的实践基础。共享发展理念是中国共产党着眼于全面建成小康社会和实现"中国梦"的宏伟目标，在全面总结国际国内发展经验教训和科学研判"新常态"下经济社会发展形势的基础上，从全体人民的根本利益出发提出的集科学性、价值性、规律性和创新性于一体的新发展理念，具有深刻的历史背景和现实依据。

（一）改革开放前历史时期的发展经验

习近平指出："我们党领导人民进行社会主义建设，有改革开放前和改革开放后两个历史时期，这是两个相互联系又有重大区别的时期，但本质上都是我们党领导人民进行社会主义建设的实践探索。"[②]改革开放前历史时期，中国共产党在共享共富方面进行了思考和实践探索，积累了丰富的经验。

第一，坚持巩固和发展我国的社会主义制度，将实现共享共富和坚持社会主义制度结合起来。

社会主义制度建立以后，我们党必须认真研究和解决的一个重大课题就是如何巩固和发展这一制度。社会主义制度是一种崭新的更高形态的社会制度，必须彰显相对于资本主义制度的优越性，增强广大人民群众走社会主义道路的决心，激发广大人民群众的建设热情和积极性。中国要想实现国家富强和共同富裕，就必须坚持社会主义制度，建设社会

① 《马克思恩格斯全集》第 3 卷，人民出版社 1995 年版，第 544 页。

② 《习近平谈治国理政》第 1 卷，外文出版社 2018 年版，第 22 页。

主义；走共同富裕的道路，有利于巩固和发展社会主义制度。土地改革之后，针对许多农民境况虽有所改善但依然不富裕的状况，毛泽东提出要“领导农民走社会主义道路，使农民群众共同富裕起来”①，明确把坚持社会主义制度作为实现共同富裕的路径。毛泽东认为，只有实现广大农民的共同富裕，才能更好地巩固工农联盟，才能引领全国人民团结奋斗。毛泽东明确提出我们党面临的“很艰巨的任务”，就是“要使几亿人口的中国人生活得好，要把我们这个经济落后、文化落后的国家，建设成为富裕的、强盛的、具有高度文化的国家”。②

第二，牢牢把握社会主义社会的主要矛盾和根本任务，将实现共享共富和集中力量发展生产力结合起来。

社会主义建设开始后，党对我国社会的主要矛盾有了较为正确的认识，据此提出我国的根本任务是在新的生产关系下保护和发展社会生产力。但是，这些认识没有很好地坚持下来，导致后来的阶级斗争扩大化。实践证明，在社会主义初级阶段，要科学把握我国社会主要矛盾，大力发展社会生产力，不断提高人民群众的生活水平。我们党高度重视生产力发展对于实现全体人民共同富裕的重要性。毛泽东认为要想实现全体人民共同富裕，就必须大力发展社会生产力，建立社会主义的物质技术基础。毛泽东多次强调，进行社会主义革命、建设上层建筑、变革生产关系等都是为了解放生产力。在他看来，如果生产力不能得到解放，就没有可能谈其他问题。在实现共同富裕的问题上，只有生产力解放了，经济发展了，才能使人民生活改善并摆脱贫困落后。因此，毛泽东坚持在优先发展重工业的条件下工农业并举的方针，提出了建设社会主义工业化、走农业合作化道路的主张。

第三，坚持一切从实际出发建设社会主义，将实现共享共富的长期

---

① 《建国以来重要文献选编》第 7 册，中央文献出版社 1993 年版，第 308 页。

② 《毛泽东思想年谱（1921—1975）》，中央文献出版社 2011 年版，第 839 页。

性和过程性结合起来。

新中国一穷二白、百废待兴，社会主义建设开始后，全党全国人民都有大力发展生产迅速改变落后面貌的强烈愿望。这极大地促进了社会主义建设，取得了显著成就，同时也出现了急躁冒进、急于求成的倾向，制定的路线、方针和政策一度偏离了我国社会主义初级阶段的实际，从而造成严重的损失。毛泽东指出："对于建设社会主义的规律的认识，必须有一个过程。必须从实践出发，从没有经验到有经验，从有较少的经验，到有较多的经验，从建设社会主义这个未被认识的必然王国，到逐步地克服盲目性、认识客观规律、从而获得自由，在认识上出现一个飞跃，到达自由王国。"① 实践证明，社会主义建设必须坚持实事求是，遵循经济规律，一切从实际出发。对于中国这样一个情况十分复杂并且国民经济基础非常薄弱的国家，实现共同富裕不是轻而易举的，需要经历一个长期且复杂的历史过程。毛泽东预判可能要经过三个五年计划建成社会主义社会，但可能需要50年的艰苦努力才能建成一个强大的高度社会主义工业化的国家。后来，他又将建成强大的社会主义国家的时间拉长，认为需要十个五年计划到十五个五年计划的时间。这些思想认识中已经蕴含着对建设社会主义、实现共同富裕要分步骤的要求。后来他所提出的社会主义现代化建设分两个步骤和中国社会主义的发展分为"不发达的社会主义和比较发达的社会主义"两个阶段的思想，不仅是与中国实际相结合的实现共享共富路径的重要探索，而且为后来邓小平提出"三步走战略"奠定了思想基础。

（二）改革开放后历史时期的发展经验

习近平指出，新发展理念是"改革开放30多年来我国发展经验的

① 《毛泽东著作选读》下册，人民出版社1986年版，第826页。

集中体现，反映出我们党对我国发展规律的新认识”[①]。改革开放以来的中国特色社会主义发展史，是一部对社会主义和发展观的认识不断深化的历史，中国共产党始终坚持一切从人民的利益出发、尊重人民群众的首创精神；坚持把提高市场经济的效率同坚持社会公平正义结合起来；坚持把经济建设同社会主义精神文明建设和思想建设结合起来，充分发挥社会主义制度的优越性。这三个方面共同构成了共享发展理念提出的主要依据。

第一，改革开放以来，中国共产党坚持不忘初心，把“发展为了人民”与“发展依靠人民”有机结合起来。马克思主义唯物史观认为，人民是推动社会历史发展的主体，重视人民性是每个时代发展的内在要求。发展为了人民是发展的基本立场和出发点，正如习近平强调的：“我们共产党人干革命、搞建设、抓改革，都是为了让人民过上幸福生活。”[②]发展依靠人民则是发展的方法论，人民是推动发展的根本力量。人民群众中孕育着无穷的智慧。有学者指出改革开放以来中国农民有三大发明，一是发展乡镇企业，拓展产业空间创造财富；二是进城务工经商，拓展地域空间创造财富，以低廉的劳动力成本推动了中国工业化和城市化的进程；三是发展乡镇旅游产业、拓展思维空间创造财富。实践证明，中国革命、建设和改革的成功都融入了人民的智慧，汲取了人民的力量。改革开放以来，从邓小平提出“三个有利于”标准到江泽民阐述的“三个代表”重要思想、胡锦涛阐述的“以人为本”的科学发展观，到习近平的坚持以人民为中心的发展思想，始终贯穿着人民利益这条主线，矢志不渝地坚守发展的落脚点。人民是发展的归宿和源泉，中国共产党坚持尊重人民群众的首创精神，把人民群众作为发展的内生动力，

---

① 《中国共产党第十八届中央委员会第五次全体会议文件汇编》，人民出版社 2015 年版，第 96 页。

② 《深入学习习近平同志重要论述》，人民出版社 2013 年版，第 178 页。

依靠人民群众的力量不断做大社会财富的“蛋糕”，把改革发展成果由人民共享与人民群众共创社会财富有机结合、互相促进。

第二，改革开放以来，中国共产党坚持把提高市场经济的效率同坚持社会公平正义结合起来。总的来讲，改革开放以来中国共产党各项政策的制定，都是立足于社会主义初级阶段的基本国情，围绕处理好“效率与公平”的关系问题展开的。社会主义初级阶段的“不发达性”“不均衡性”决定了必须提高发展的效率，社会主义初级阶段的“长期性”决定了要为发展营造和谐稳定的环境，正确处理好“经济效率”与“社会公平”的关系是中国特色社会主义能否可持续发展的关键。1978 年党的十一届三中全会将党和国家的工作重心从“阶级斗争”转向“经济建设”，1992 年党的十四大确立了社会主义市场经济体制，揭开了“效率优先”的序幕，这是由国际国内形势以及社会主义的根本要求所决定的。要缩小国际差距，改善人民生活，必须打破“平均主义”，把提升社会生产力和市场经济的效率放在首位，在此基础上提出了“先富论”政策。实践证明，“先富论”政策极大地调动了人民群众的积极性，中国的经济发展成就和国际地位都得到了跃升。但是，随之而来的是经济发展的“双面效应”，先富地区、先富阶层、先富群体的出现，拉大了贫富差距，发展成果“不共享”的问题凸显，分配不公成为人民群众关注的焦点问题。人民的愿望就是改革的方向，中国共产党根据变化了的新情况、新问题，重新审视效率与公平的关系并作出调整，把社会公平提到了突出重要的位置。党的十八大指出“初次分配和再分配都要兼顾效率和公平，再分配更加注重公平”的政策导向，这说明中国共产党由“把蛋糕做大”向“做大蛋糕和分好蛋糕并重”发展理念的转变。根据库兹涅茨倒 U 曲线理论，随着经济发展到一定阶段，贫富差距和分配不公的程度会随之下降，但是由于各种复杂的原因，我国居民的收入差距并没有越来越小，反而有逐步拉大的趋势。这说明国际社会曾经流行的“先增长后分配”理论是站不住脚的，经济发展的“涓滴效应”也是有限的，中国已经到了必须解决分配不公问题的时候，已经到了由“先富”转向“共富”的时间节点，共享发展理念正是基于“发展起来以后”经济发展与社会公正失衡的问题提出来的。

第三，中国共产党始终坚持把经济建设同精神文明建设和思想建设有机结合起来。改革开放之初，邓小平就提出了“两手抓”的方针，但是在实践中出现了“一手硬，一手软”的问题。改革开放“打开窗户”，放入“新鲜空气”的同时，也引入了“苍蝇和蚊子”，对人们的思想观念造成了冲击。一些人受“拜金主义”“利己主义”的影响，陷入了“物化困境”。在“先富”群体中，多数人是靠党的优惠政策和勤勉劳动致富的，一部分人却是靠违法经营、投机牟利、寻租腐败等不法手段致富的，人民群众对分配不公的怨恨主要来源于此。这说明，经济发展在使人民的生活不断得到改善的同时，一些民众的思想精神状况不仅没有随之提高，反而有下滑的表现，除了人性以及个人素质差异的原因外，党和国家对人民的思想教育没有同步跟上也是一个重要原因。邓小平曾经指出“忽视了对人民的教育”的问题。共享发展的终极目标是实现马克思、恩格斯的设想，是人的精神境界的极大提升，中国共产党针对干部群众物质世界与精神世界发展不协调的问题，先后采取了一系列措施，从“八荣八耻”的社会主义荣辱观到社会主义核心价值体系、社会主义核心价值观教育，从群众路线教育活动到“三严三实”“两学一做”“不忘初心、牢记使命”的理想信念实践教育活动，对广大干部和群众进行思想教育。没有民众思想道德素质的提高，没有政治生态的“青山绿水”，没有经济发展与精神文明建设的协调发展，共享发展是不可能落实的。因此，从经济发展与思想建设的协调性着眼，促进物质文明与精神文明协调共进，是改革开放以来的重要经验，也是共享发展理念提出的另一个重要依据。

三、共享发展理念的吸收与借鉴

发展是全世界的主题，发展的实践需要发展的理论指导。要顺利推进发展实践，必须具有开放的视野和包容的心态，一方面要认真汲取国外发展的历史教训，另一方面要积极借鉴世界发展理论的精华。增强发展的理论自觉，可以少付发展的代价，少走弯路。正如邓小平同志所指出的那样："必须大胆吸收和借鉴人类社会创造的一切文明成果，吸收和借鉴当今世界包括资本主义发达国家的一切反映现代化生产规律的先进经营方式、管理办法。"[①]

（一）东欧剧变、苏联解体的沉痛教训

东欧剧变、苏联解体是20世纪极具震撼的历史事件。这一事件的发生使世界社会主义运动从高潮落入低谷，堪称国际共运的"世纪悲剧"。尤其是苏联共产党作为一个有着74年执政历史的大党、老党，却不断蜕变导致国家解体，其中的原因和教训令人沉思。关于苏联解体的根源众说纷纭，有马克思主义"乌托邦"说、十月革命"早产说"、斯大林模式说、戈尔巴乔夫主因说、上层精英自毁说、经济没有搞好说、"左"和右合葬说、被苏联人民抛弃说、西方和平演变说等，不一而足。实际上，东欧剧变、苏联解体是这些国家长期积累的各种矛盾在新的时代和环境下总爆发的结果，是内外因多重因素综合作用的结果，正如恩格斯所说的重大历史事件都是历史"合力"的结果。从马克思主义理论和实践的根本问题来看，东欧剧变、苏联解体的原因可以归结为三个方面：一是没有认清楚社会主义所处的历史阶段，二是没有搞清楚"建设什么样的党、怎样建设党"的问题，三是没有搞清楚"什么是发展、怎样发展、发展为了谁"这些发展的基本问题。

---

① 《邓小平文选》第3卷，人民出版社1993年版，第373页。

第一，苏联没有认清楚本国社会主义所处的历史阶段，没有搞清楚什么是社会主义。在苏联历史上，列宁对社会主义发展阶段的认识是基本正确和清醒的。但是列宁逝世后，从1938年开始，直到安德罗波夫执政时期，历届苏联领导人都对本国社会主义所处的历史阶段作了过高的估计。赫鲁晓夫更是将“超越阶段”发展到了极致，苏共二十一大提出苏联已经进入“全面展开共产主义社会建设”的历史时期。苏联领导人对本国社会主义所处历史方位的错误判断，不仅对苏联的社会主义建设造成了消极影响，而且对其他社会主义国家的社会主义事业造成了危害，特别是东欧国家对苏联模式亦步亦趋推行“赶超战略”，导致经济社会矛盾重重，最终酿成危机。20世纪社会主义运动的历史经验表明，落后国家虽然能够先于发达国家取得社会主义革命的胜利，但是并不能直接进入马克思、恩格斯所设想的共产主义第一阶段。对社会主义发展阶段的正确认识是社会主义国家制定一切路线、方针、政策的基本依据，中国特色社会主义之所以能取得辉煌成就，正是得益于邓小平同志的中国“正处于并将长期处于社会主义初级阶段”的正确论断，并以此为基础提出以共同富裕为目标的社会主义本质理论，制定了一系列符合中国国情、有利于共富共享的战略举措。

第二，苏联没有搞清楚“建设什么样的党、怎样建设党”的问题。社会主义国家问题的关键在党，苏联共产党作为苏联党和国家事业的领导核心，对苏联解体负有不可推卸的重大历史责任，正如邓小平同志指出的“东欧的问题首先出在内部”。列宁提出过一系列颇有价值的执政党建设理论，譬如：民主集中制原则；坚持正确的党内斗争，防止队伍的团结和统一；防止共产党员的官僚主义；加强监察制度建设；执政党最大的危险是脱离群众等。但是，列宁、斯大林之后的苏联领导人并没有坚持这些正确的建党学说。在思想理论方面，因循守旧与“自由化”并存。党内教条主义倾向严重，思想理论僵化、封闭、保守；从赫鲁晓夫到戈尔巴乔夫，逐渐与马克思主义离经叛道，戈尔巴乔夫公然提出苏联共产党是维护全人类价值和主张“思想自由”的党，目标是实现“人道的、民主的社会主义”，公然放弃马克思主义的指导地位，党的性质的变化毋庸置疑会引起执政理念的变化。在组织建设方面，苏联共产党高度集中与涣散分裂并存。列宁的民主集中制原则没有形成制度并得到很好地贯彻，在党内形成了严重的个人崇拜。戈尔巴乔夫又主张党内生活民主化，放弃了民主集中制原则，一个有着严明纪律和优良传统的执政党一下子走向了组织涣散和内部分裂。在作风建设方面，苏联共产党官僚主义与腐化堕落并存，苏共内部形成了特权阶层。戈尔巴乔夫作为党的总书记，在多处疗养胜地修建总书记官邸，奢靡腐化。更令人震惊的是，苏联解体后，在叶利钦政权中掌握实权的多数是原来苏共的高层领导干部。一个丧失理想信念的党，一个高度集权和腐化的党，一个不能代表人民群众利益的党，只能为人民群众所抛弃。中国共产党汲取苏共亡党、苏联亡国的教训，重视从思想上建设党，保持党的先进性和纯洁性，从“全心全意为人民服务”，到“代表最广大人民群众的根本利益”，到“发展为了人民，发展成果由人民共享”，到“共享发展理念”，始终不忘初心，不断巩固党执政的合法性。

第三，苏联没有搞清楚“什么是发展、怎样发展、发展为了谁”这些发展观的基本问题。发展问题是高于意识形态的重大时代课题，认清发展的本质并把握发展的时代潮流至关重要。20 世纪 50 年代以来，世界范围内的发展观经历了三次大的转型，人类对发展问题认识的不断深化，代表着发展的世界潮流。但是苏联长期以来思想僵化、故步自封，在发展的问题上没有与时俱进，依旧将发展的重心放在重工业和国防工业上，对国民经济结构和人民的生活造成了消极影响。关于“怎样发展”，苏联长期以来推行赶超型发展战略并由此形成苏联模式。苏联在工农业关系问题上，解决了工业化建设与积累之间的矛盾，却严重挫伤了农民的生产积极性；苏联为了解决较高的生产关系与落后的生产力之间的矛盾，长期以来片面追求重工业的增长速度，忽视与人民群众生活密切相关的轻工业的发展，苏联民众为了购买香皂、毛巾、儿童玩具等生活用品要长时间排队，根本谈不上社会主义制度的优越性。改革是为了发展，但苏联的改革朝令夕改，不能持之以恒，同时缺乏正确的改革策略，戈尔巴乔夫的“加速发展战略”使本来就已经严重失调的国民经济雪上加霜，后来以“新自由主义”指导改革，掀起“私有化、自由化和市场化”的浪潮，将苏联经济推向万劫不复的深渊。关于“发展为了谁”的问题，按照列宁的观点，主要看苏联领导集团推行的政策对谁有利、代表谁的利益，从苏联党内产生大批特权阶层和戈尔巴乔夫反人民的改革路线可以看出，苏联共产党早就抛弃了苏联人民的利益，早就忘记了社会主义的生产是为了满足人民群众日益增长的物质文化需要的初衷。1991 年 5 月，戈尔巴乔夫对江泽民提出的“要坚持四项基本原则”嗤之以鼻，认为“这一套已经过时了”。实践证明，中国共产党正是由于在发展中坚持四项基本原则，坚持正确的政治方向，坚持发展的人民性，才能与时俱进地制定出符合人民群众利益的正确的路线方针，不断推进发展的理论创新和实践创新，不断推进共富共享的发展进程。

（二）拉美国家“中等收入陷阱”

“中等收入陷阱”的说法最早出现于世界银行于 2006 年发布的《东亚经济报告》，指一些中等收入国家迟迟不能越过 GDP 人均 1 万美元这道坎，原有的发展模式和增长机制中的矛盾显现，既难以与发达的创新型国家匹敌，也不具有低收入国家的廉价劳动力优势，经济陷入停滞。世界银行于 2010 年在《强劲复苏与风险积累》的报告中进一步强调，一些进入中等收入的国家，由于工资成本不断攀升、技术缺乏创新、产业无法提升自身所在价值链的位置而步入更高发展阶段，因而不得不在产业链的较低水平处竞争，跌入“中等收入陷阱”在所难免。“二战”后，发展中国家迎来了难得的发展机遇，一批拉美低收入国家经济迅速崛起，迈入中等收入国家，被称为“拉美奇迹”。然而好景不长，这些国家的经济陷入停滞，譬如阿根廷 GDP 增长率峰值时高达 18.2%，谷底时年 GDP 增长率跌至 3.4%。同时，还伴生了财政赤字、通货膨胀、贫富悬殊、腐败盛行、社会动荡等一系列社会问题。一个严重的问题就是基尼系数过高，巴西基尼系数曾达 0.6。两极分化导致民心不安、政局不稳，民众对政府和政党感到失望。世界银行指出，跌入“中等收入陷阱”的国家所共有的特征主要表现为经济增长回落或停滞、贫富分化、就业困难、社会动荡、社会公共服务短缺、金融体系脆弱、腐败多发、过度城市化造成畸形发展等。

与此同时，快速发展积累起来的贫富分化、畸形城市化、人口老龄化、产业结构不合理以及腐败现象蔓延等问题突出，并且中国的基尼系数已超过 0.45。同时，中国面临经济下行和增长动力转换的压力。中国如何成功跨越“中等收入陷阱”，顺利进入高收入国家，成为国际国内社会共同关注的焦点，成为新一代领导集体必须直面和应对的问题。李克强指出：“国际经验表明，人均国内生产总值从 3000 美元向 10000 美元提升的阶段，既是中等收入国家向中等发达国家迈进的重要阶段，又是矛盾增多、爬坡过坎的关键阶段。”[①] 无论“中等收入陷阱”是真陷阱还是假陷阱，无论这一概念是否科学严谨，问题的关键是它带给我们的政治思考：如何避免重蹈拉美国家的覆辙，如何在经济新常态的背景下，仍然能够保证政府的公信力，保证人民群众对党和国家的信赖与支持。2019 年中国的人均 GDP 已经超过 10000 美元，但是中等收入陷阱的门槛也在提升，在新发展阶段必须坚持高质量发展，才能顺利跨过中等收入陷阱。

中国共产党提出共享发展理念，一个重要的原因就是汲取拉美国家“中等收入陷阱”的教训，中共中央不仅意识到了问题的严重性，并且

---

① 李克强：《深刻理解〈建议〉主题主线促进经济社会全面协调可持续发展》，《人民日报》2010 年 11 月 15 日。

迅速采取了一系列行之有效的措施。一是加快经济发展方式转变，从要素驱动和投资驱动向创新驱动转变，提出供给侧结构性改革，从规模效益向质量效益转变。在从低收入水平向高收入水平转变的过程中，多数国家都经历了经济增长速度放缓阶段。这是符合经济发展一般规律的，其中的主要原因是旧动能的衰竭。中国敏锐地意识到了这个问题，提出了“大众创新，万众创业”的国家战略，及时进行动能转换。二是要将公平正义提升到中国特色社会主义核心价值的高度，采取一系列措施维护社会公正。采取措施遏制贫富分化，规范分配秩序，初次分配也要讲公平，拓宽再分配的渠道，完善社会福利和社会保障制度；推行精准扶贫政策，以开发式扶贫为主，阻隔贫困的代际传递；妥善处理群体性事件，完善相应的体制机制，促进社会和谐；重视官员廉政建设，“源头防腐”与“制度反腐”相结合，把权力关进制度的“笼子”里，让“潜规则”变成“明规矩”，不断健全权力运行机制，完善权力监督体系，让公平正义普惠人民。习近平指出：“对中国而言，‘中等收入陷阱’过是肯定要过去的，关键是什么时候迈过去、迈过去以后如何更好向前发展。我们有信心在改革发展稳定之间，以及稳增长、调结构、惠民生、促改革之间找到平衡点，使中国经济行稳致远。”[①] 要跨越“中等收入陷阱”，既要探索适合中国国情的发展道路和发展模式，也要加强国际交流互鉴。从国际经验来看，决定一国能否摆脱“中等收入陷阱”的决定因素是收入分配。日本和韩国在进入中等收入国家后，贫富差距悬殊，日本的基尼系数曾经高达 0.47，但随着“国民收入倍增计划”的实施，日本收入差距问题得到明显改善；韩国通过“新社区运动”，缩小了城乡收入分配差距。中国要解决收入分配差距问题，在坚持中国特色社会主义基本分配制度和分配正义的同时，也可适当借鉴国际经验，更好地

① 《习近平出席亚太经合组织领导人同工商咨询理事会代表对话会》，《光明日报》2014 年 11 月 11 日。

实现共享发展。

（三）国外发展观的精华

国外发展观经历了一个从片面到全面、从粗浅到深刻、从不科学到科学的演变过程，主要经历了传统的经济增长发展观、经济增长与社会变革相统一的发展观、可持续发展观和“以人为中心”的发展观的历史嬗变。马克思主义认为，人类社会发展的本质是促进人的全面发展，但是受生产力发展水平和人类自身认识水平的局限，人们往往将目的和手段本末倒置，出现发展的异化。“二战”后兴起的“经济增长发展观”正是把经济增长作为发展的最终目的，认为增长就是发展，发展就是物质财富的积累。许多发展中国家在此理论的指导下，没有实现预期的增长目的，只有生产的量的增长，没有经济结构、政治体制和社会状况等方面的进步和质的提高。中国在发展的过程中，也催生了见物不见人的“唯 GDP”的数字政绩观，出现了资源浪费、重复建设、环境污染、贫富差距、道德滑坡等一些社会问题，违背了发展的初衷。

20 世纪 60 年代，发展经济学家开始对传统的经济增长发展观进行反思，更多地注意发展的质量和效益。瑞典经济学家缪尔达尔指出，发展不仅是 GNP 的增长，还是经济、文化和社会发展全过程的上升运动。20 世纪 70 年代，发展的内涵拓展到减少贫困、不平等和失业等方面。如果一个国家贫困、失业、不平等的水平下降了，就表明这个国家处于向上发展的时期。20 世纪 80 年代，美国经济学家托达罗指出：“发展不纯粹是一个经济现象。从最终意义上说，发展不仅仅包括人民生活的物质和经济方面，还包括其他更广泛的方面。因此，应该把发展看成包括整个经济和社会体制的重组和重整在内的多维过程。”[①] 他认为发展

① ［美］迈克尔·P. 托达罗：《经济发展与第三世界》，印金强、赵荣美译，中国经济出版社 1992 年版，第 50 页。

是经济增长与社会变革的统一，是历史的进步。他的局限性在于没有考虑到资源环境对发展的约束。面对这些问题，发展经济学家将资源、环境、人口等因素纳入发展的范畴，先后提出了“循环经济”“增长极限论”等理论，提出了“持续增长”和“合理的持久的均衡的发展”的概念，具有积极意义。可持续发展理论突破了传统发展观的局限，强调经济效益、社会效益和环境效益的统一，是人类发展理念上的重大变革。20 世纪 80 年代前后，人们对发展的综合性有了更深入的认识，认为发展不仅是经济的发展、社会的发展，更重要的是人的发展。人既是发展的目标，也是发展的动力，实质上是提出了以人为中心的综合发展观。佩鲁的《新发展观》中明确提出了“整体的、内生的、综合的”发展理论，摒弃了以往的以物为中心的发展，认为发展是经济、政治、社会、文化、科技、生态等多因素综合作用和平衡协调的结果。20 世纪 90 年代，印度经济学家阿玛蒂亚·森提出了“以自由看待发展”的理念，认为自由是发展的目的，人是发展的主体，发展的过程是扩大人们享有的经济自由与各项权利的过程。

随着发展实践的推进，人类对发展的认识不断深入，实现了从“以物为中心”向“以人为中心”、从“单向度增长”向“共享式发展”、从“无情增长”向“有情发展”的转变。共享发展理念从发展方法论的高度对世界发展理念进行了反思和超越，一方面反思了当代世界发展观的局限，另一方面汲取了世界先进发展理念的精华。一是搞清楚发展的认识论，即发展是什么；二是搞清楚发展的方法论，即怎样发展；三是搞清楚发展的目的论，即为谁发展。传统的经济增长理论催生了“先增长后分配”的发展模式，比较具有代表性的是“涓滴假说”和“库兹涅茨倒 U 字形曲线假说”，二者均立足于实现经济持续快速发展，大量积累社会物质财富，经济增长的成果会自动波及社会各部门各阶层，贫困人口会随之自然减少。实践证明，经济增长并不能自动解决社会问题，反而出现了贫富差距越来越大的“马太效应”。收入的不平等引发一系列社会问题，例如穷人无钱消费的需求不足、社会动荡、腐败问题等。20世纪90年代，经济学家们通过对大量的国际数据进行比较分析，发现收入不平等会损害甚至恶化经济发展前景，要在经济增长、收入分配与减少贫困之间营造良性的互动关系。他们认为要将穷人纳入经济增长的过程中，提出了“广泛基础的增长”之概念，致力于改进贫困人口的生活质量。20世纪90年代中后期，对穷人友善的“亲贫式”增长理念引发广泛关注。“益贫式”增长理念旨在为穷人增收和创造就业机会，降低不平等，是对收入贫困理论和“涓滴假说”的突破。2007年亚洲开发银行提出了“以共享式增长促进社会和谐”的理念，意味着对以往排斥在发展成果分享之外群体的关注，对收入不平等状况的关注，对弱势群体的关注。国外这些先进发展观的精华为中国共产党共享发展理念的形成提供了有益借鉴。

（四）古巴“人民共享”思想

古巴作为世界上仅存的五个社会主义国家之一，坚持“人民共享”思想，以其“先进的教育模式、完善的医疗体系和全面的社会保障制度”给本国人民带来巨大福祉，人民的幸福指数在世界上处于前列，无愧于“世界上最甜的国家”，体现了古巴共产党执政为民的政治理念和社会主义制度的优越性。古巴模式中“人民共享”思想主要包括以下三个方面的内容：

一是优先发展教育的思想。卡斯特罗曾说：“在所有国家中，无论是大国还是小国，富国还是穷国，古巴在教育领域中名列第一。”[①] 古巴在1961年就通过了《教育国有化法》，宣布教育是公共的、免费的，全体公民在享有受教育权方面处于完全平等的地位。贯穿古巴教育模式最根本的一条就是社会主义公平、公正原则，坚持国家主办、全社会参

① 毛相麟：《古巴社会主义研究》，社会科学文献出版社2005年版，第170页。

与、不断改革与创新的发展模式。领导人高度重视，大量投入教育经费，实行人人平等的免费教育。20 世纪 70 年代古巴教育的重点是普及中等教育并发展成人教育。20 世纪 80 年代古巴的教育已具相当规模，教育体系基本完善。20 世纪 90 年代的特殊时期，在经济非常困难的情况下，古巴教育经费仍占财政支出的 10% 左右。到 2004 年，教育支出所占比重上升到 20%，远远超出联合国建议的 6% 的水平。古巴加强师资建设，拥有一流的教师队伍；重视思想政治教育，实行学习与劳动相结合。教育向弱势群体倾斜，确保居住在边远山区的少数孩子也能接受正常的小学教育，“一个都不能少”。

二是医疗卫生体系建设的思想。卡斯特罗认为，关注人民群众的健康不仅是一项社会和道义的任务，而且具有重要的经济意义，要把人民的公共卫生事业置于“优先和神圣的地位”。卡斯特罗在第二届第三世界经济学家代表大会开幕式上指出：“关注人民的健康，使他们免受痛苦，治愈他们的疾病，这主要是一项社会和道义的任务；但也具有经济意义，因为正是构成人民的男女大众创造了价值，勤劳的、身体健康和强壮的人民对于发展来说，是必不可少的。”[①] 在古巴，国家承担全部医疗费用，实行医疗面前人人平等的政策，“哪里有人民，哪里就有医生”。古巴将提高公共卫生水平作为社会主义建设的一项战略任务，将“让人人享有健康”作为奋斗目标。古巴是全世界人均家庭医生最多的国家，远远超过美国、挪威、加拿大等发达国家水平，平均每 170 人左右就有 1 名医生，为国际社会树立了不发达国家也可以实现“让人人享有健康”社会目标的榜样，世界银行将古巴这种没有经济增长也能促进国民健康的现象称为“古巴之谜”。古巴医疗卫生事业从薄弱环节抓起，走均衡发展、不断进步、覆盖全国之路。20 世纪 90 年代以来，古巴对公共卫

① ［古］萨洛蒙·苏希·萨尔法蒂：《卡斯特罗语录》，宋晓平、徐世澄、张颖译，社会科学文献出版社 2010 年版，第 254 页。

生项目的资金投入逐年增加。从2002年开始，古巴实行了一个为期数年的“非常卫生计划”，基本目标是改善公民的生命质量，提高初级医疗保健网服务公众的能力。古巴始终注重探索符合本国国情的医疗制度，强调以科技创新推动医疗卫生事业的发展，采取多种措施提高医务人员的专业化水平。古巴积极构建以社区为重点的三级医疗保健体系，实行家庭医生制，进一步完善了医疗卫生保健体系。新冠病毒感染期间，古巴分层医疗体制的优势得到进一步体现，尤其是古巴家庭医生诊所在基层社区的疫情防控和救治过程中起到了决定性作用。特别是政府推出的“家庭医生制度”，既促进了疾病的预防，也防止了小病发展为大病；既减轻了病人的痛苦，也减少了涌入大医院看病者的数量，节省了医疗成本。古巴为人民医疗卫生事业所做的一系列工作卓有成效，既使全社会的医疗资源得到合理利用，提高了国民的健康水平，又体现了党和国家的医疗公正，保障了古巴人民“病有所医”的基本人权。卡斯特罗认为，爱国主义和国家主义是统一的，古巴应发扬国际主义精神，“要求做一名医生应具有高尚的人类感情，提倡和发扬为人民的福利而奉献”①。在新冠病毒肆虐的特殊关头，古巴人民在取得本国抗疫斗争阶段性胜利的同时，向全球多国派出医疗队，在病患救治和疫苗开发等方面分享经验，得到受援各方以及国际社会的高度赞誉。

三是坚持种族、性别平等和良好社会保障的思想。古巴有反种族主义的优良传统，在生活和公共场所废除一切带有种族歧视的规定，黑人和其他种族人民一样享有同等的政治和社会地位。古巴坚持性别平等思想，成立妇女组织，消除歧视妇女的社会偏见。为妇女提供更多的受教育、就业机会，提高妇女的政治经济地位，注重改善妇女的生活工作条件。主张妇女承担的家务社会化，把妇女从做家务和抚养孩子等事务中解放出来，颁布了体现男女平等的《儿童和青年法》，鼓励妇女参与政

① 毛相麟：《古巴社会主义研究》，社会科学文献出版社2005年版，第215页。

治生活。古巴坚持全面的社会保障制度，融合了马克思主义的人的全面发展理论和马蒂人道主义精神，倡导社会主义社会人的生存权利和发展权利。卡斯特罗认为，建立在生产资料私有制和个人主义基础之上的资本主义社会不会也不可能有真正的人权，正如马克思所言："平等地剥削劳动力，是资本首要的人权。"[①]古巴的社会保障制度建立在公正平等的基础之上，国家和企业基本上负担全部的社保基金。古巴特别重视解决失业问题，尤其是特殊人群的就业问题。一方面发展教育以解决青年就业问题，另一方面在城市发展大棚农业，解决蔬菜需求、缓解就业压力。古巴还特别注重解决有劳动能力的残疾人、退役军人、游手好闲的年轻人和刑满释放人员等几类特殊群体的就业问题，为有工作能力的残疾人联系就业事宜，让他们和健康人一样"同工同酬"；对刑满释放人员由劳动保障部门设立专门机构来管理；对无业青年，通过开办"社会工作者学校"，培养他们从事社会工作。不过，从2009年开始，古巴开始实施新的《社会保障法》，对原有的制度进行了一系列变革。社保资金由国家、企业和社会共同承担，个人须缴费；男女退休年龄都延长5年；养老金的标准采取新的计算方法，养老金的数量与缴费多少、工龄长短和工资水平挂钩。

古巴的社会建设成就为世界上许多国家所推崇，古巴人民在免费或者缴费很少的情况下能够享受到较好的教育、医疗和社会保障服务，在古巴幼儿学、壮而行，鳏寡孤独废疾者有所养，形成了民生建设的"古巴模式"，堪称发展中国家的奇迹，是古巴社会主义的特色和优势。中国作为一个发展中的社会主义大国，共享发展的重要任务就是要在改善民生中推动社会建设更快更好地发展，古巴一些好的传统和经验值得我们借鉴。首先，社会主义制度是共享发展的制度保证。古巴能够在社会建设方面取得举世瞩目的成就，社会主义制度和古巴共产党的领导是根

① 《马克思恩格斯文集》第5卷，人民出版社2009年版，第338页。

本保证。卡斯特罗反对“历史宿命论”，相信人民群众的创造和实践可以使古巴变得更加美好。卡斯特罗认为在社会主义社会，人们应该各尽所能的劳动，社会成果为全体社会成员共享。[①] 卡斯特罗批判资本主义对人民的剥削，认为在全球化时代，资本主义发生了许多变化，但是剥削的本质没有变，生产力与生产关系的矛盾最终会葬送资本主义。相对于效率来讲，古巴更强调公正，针对有人指出的古巴的“贫困社会化”，卡斯特罗认为将贫困社会化也总比少数人分享有限的财富要好得多。古巴老百姓虽然生活水平不高，但是大体均衡，社会安定团结，人与人之间关系和谐，民众对政府有很高的信任度。其次，共享发展必须坚持民生导向，不断完善社会保障制度，解决好就业问题，从严治党、密切党和人民群众的关系。古巴共产党坚持社会主义的基本原则和卡斯特罗所说的“关心人”的政治理念，坚持公正、公平和民主的社会理念，公平分配社会财富，确保全体古巴人民人人共享。总的来看，古巴的社会保障举世皆知，坚持全民免费的教育、医疗和积极的就业政策，全面的社会保障甚至达到发达国家的水平。古巴在经济困难时期，财政赤字上升，但是并未停止对社会福利和公共事业的投入和支持，正如一些人所言“古巴虽然很穷，但是对人民很慷慨”。

此外，古巴高度重视民主建设、组织建设和廉政建设，全力保障公民的政治权益。在民主建设方面，古巴共产党鼓励人民群众参政议政，提高人民在人民政权中的参与程度。党和政府出台的重大举措，一般都事先通过党、政、工青妇等系统，提交全党、全民讨论，以凝聚社会共识、提高执政能力。古共七大作出修宪的决定，经过两年多全民讨论和修改，新宪法在 2019 年 2 月举行的全民公投中获得高票通过。古共汲取东欧剧变、苏联解体教训，提出“四个一切”原则：一切立足于群众，一切依靠群众，一切重大决定广泛听取群众意见，一切活动要有群众配

① 《马克思恩格斯文集》第 5 卷，人民出版社 2009 年版，第 338 页。

合。为完善政治体制，扩大民主权利，古巴实行各级人大代表直选。古巴制定了各级群众信访办公室，制定了领导干部定期下基层制度，有利于干部了解民情民意。在组织建设方面，古巴强调精简机构，吸收新鲜血液；重视对年轻干部、女性干部的培养和使用；党和国家领导人平稳交替。古共在选拔和任用各级领导干部时，必定征求群众意见，群众不信任的人坚决不用。在廉政建设方面，古巴党政军高级领导干部不搞特权，与群众同甘共苦。高级领导干部最高工资比之工人最低工资不超过5倍，“特殊时期”甚至冻结了领导人的工资，不搞特供。在住房和供应方面，干部和普通百姓一样，没有为干部建设独立的小区，各级干部与群众一起排队购买定量的食品和日用品。在用车上，禁止领导人乘坐高档进口车，领导人到地方视察只能乘坐面包车。这些举措有效地防止了“官本位”，党群关系和谐，社会公正得到维护，这也是古巴社会主义在内外交困的情况下，依然得到民众支持的一个重要原因。古巴共产党严厉惩处腐败问题，对有违法乱纪的干部，不论职位高低，一律严肃处理。古巴于1996年制定了《国家干部道德法规》，要求领导干部在私生活和工作中都要成为榜样和典范。古巴共产党对思想政治工作常抓不懈，及时了解民情民意。卡斯特罗常说，思想工作是生存的基础，把思想政治工作当作一场战争来对待。为了保持共产党员的先进性，古巴创办了各级党校，新党员入党后，必须接受100小时的党性教育。古巴共产党所做的一系列卓有成效的民生工作，切实推动了发展成果由人民群众共享。

（五）瑞典“利益共享”思想

瑞典是世界上发达、富有的国家之一，人类贫困指数全球最低，经济发展水平非常之高，同时又是很公平的国家，形成了全世界津津乐道的“瑞典模式”。国际社会对于“瑞典模式”的认识，大致有三个阶段：20世纪五六十年代，国际社会对“瑞典模式”广泛赞誉，认为瑞典在经济、政治体制和社会建设各方面堪称完美，令其他国家十分羡慕；20 世纪 70 年代，受世界石油危机的重创，“瑞典模式”被称为高税收、低效率的代表，受到争议；20 世纪 80 年代以后，瑞典经济复兴，经济稳定增长，失业率和通货膨胀率都处于较低的水平，“瑞典模式”又重新受到赞扬，许多国家纷纷研究“瑞典模式”的成功经验。瑞典是全世界共享程度很高的国家，一个重要的因素是瑞典坚持劳资关系中的“利益共享”。资本与劳动是现代社会生产中的两大基本要素，劳动和资本的矛盾是所有国家都不可回避的社会矛盾。人类苦心孤诣地组织社会生产，根本目的是满足劳动者的需要，各个国家都尽可能地在劳资双方之间寻求一种平衡，实现劳资双方的合作与利益的共享。“瑞典模式”劳资关系的一个显著特征是劳资双方在企业以及社会两个层面实现利益共享，一般称为“企业——社会共享型”劳资关系模式。

1. 企业层面的共享，主要体现在生产领域和分配领域

生产领域，主要指劳动过程的共享，主要涉及劳动者的劳动条件和参与企业管理的民主权利；分配领域，主要指劳动成果的共享，主要涉及劳动者参与分配的形式和相关的谈判机制、协调机制。对企业劳资关系绩效的考察包括多方面因素。首先要有基本的劳动条件、劳动保护与劳动权利做保证，传统资本主义只注重强调资本的权利和利益，完全忽略劳动者的权利和利益，因而违背人类理性。要通过制度完善促进劳资关系中的利益共享，主要体现在劳资双方共同决定企业重大事项制度和工人参股制度等一系列劳资合作的制度。其次需要充分考虑技术因素，良好合理的制度可以充分调动劳动者的生产积极性，因而提高劳动生产率；在制度因素得到保证的前提下，要通过加大研发投入、加大教育投入等推动技术创新，提高市场竞争力，创造更多的剩余价值，为分配提供前提和保证。

（1）以制度完善促进劳资关系中的利益共享。瑞典政府在处理劳资

关系问题上，坚持实行劳资合作的制度。第一，实行劳资双方共同管理劳动力市场的制度。“二战”以后，瑞典迅速成立了全国劳动力市场委员会，这个机构的工作内容十分广泛，大致包括长期经济计划、就业服务、失业救济、职业培训计划和劳动力计划等，实质上是瑞典政府依托劳资双方的配合，进行宏观经济管理的一个重要助手。第二，实行劳资双方共同协商权利与解决劳资纠纷的制度。“萨尔茨耶巴登协议”是瑞典劳资关系史上的一个转折点。这个协议对劳资双方的权利作出了十分明确的规定：劳方认可资方对生产的指挥权以及对工人的管理权，资方认可劳方有就劳动条件、工资水平、福利水平进行谈判的权利。这个协议还规定了解决劳资纠纷的程序与机构，对雇主的管理权作了限制。一般来讲，以合作为原则取向的瑞典劳资关系中出现的劳资纠纷，绝大部分都能在前两个环节达成一致协议，极少数会进入劳动法庭仲裁程序。之前屡屡爆发在街头巷区、工厂车间的冲突，都集中到了谈判桌上，对瑞典社会的稳定和经济的发展起到了积极促进作用。第三，劳资双方共同决定企业重大事项制度。根据瑞典议会通过的《劳动生活共决法》，工人联合会有权参与决定企业生产战略、人事政策和企业投资等关系企业前途和核心战略的重大问题，推动了劳资合作关系的再次突破，劳资双方的合作迈入新的更高层次，有人认为通过这项法令的意义堪比“普选权”，它大大提高了工会的地位，工会有权就企业经营管理、招工解雇等重大事项和资方进行谈判。第四，工人参股制度。瑞典战后一直实行“团结工资”政策，同一行业内部的工人工资基本相同。为了避免“团结工资”政策形成的超额利润由资本家独享，瑞典经济学家迈德纳提出了一个具体方案：从利润率 5% 以上的企业的利润总额中抽取 20% 作为雇员集体投资基金。该基金由工人直接掌握，实质上是对私人资本所有制的一种限制，使经济管理更加民主化。遗憾的是，为了减少小资产阶级的抵抗，该法案规定只实施 7 年，到 1990 年自动停止。虽然如此，雇员集体投资基金仍然对瑞典私人垄断资本的集中起到了一定的限制作用。

（2）以技术创新促进劳资关系中的利益共享。劳资关系中的利益共享，不仅牵涉生产关系层面的制度因素，生产力层面的技术因素也是十分关键的，只有通过不断的技术革新，才能提高企业的生产率和市场竞争力，创造更多的利润，为利益共享创造坚强的经济后盾。第一，以创新驱动企业发展。瑞典是一个传统工业高度发达的国家。从 20 世纪 70 年代中期开始，为了降低生产成本，提升瑞典工业品在国际市场上的竞争力，瑞典开始发展高科技产品，靠提高产品的附加值来增加财富。瑞典人非常擅长将理念转化为实际，一大批科研成果和技术发明迅速投入生产，转化为超额的利润价值。第二，瑞典高度重视研发投入。瑞典是全球公认的创新型国家，在 20 世纪 90 年代，瑞典研发投入占 GDP 的比重超越日本，成为全球第一，当前依然是世界上研发投入最多的国家之一。由于投入不断增多，瑞典的知识密集型产业出现了稳定高速的增长，成为瑞典经济增长的发动机，同时知识密集型产业创造了大量新的就业岗位，降低了瑞典的失业率。第三，瑞典高度重视创新人才的培育。瑞典出台了“创新瑞典”的国家战略，在瑞典全国设立针对不同年龄段、鼓励学生创新的活动或者组织。正是因为瑞典政府把创新人才和创新文化的培育作为国家支撑的战略资源，瑞典在技术创新方面始终领先于全世界，为利益共享奠定了厚实的物质基础。

2. 社会层面的共享，主要表现在充分就业、社会平等和完善的福利制度和保障制度三个方面

（1）充分就业。“给每个人就业机会”是瑞典政府的基本承诺。“瑞典模式”以其积极的劳动力政策和极低的失业率而闻名于世。瑞典的劳动力政策主要包括劳动力供给和劳动力需求两个方面。劳动力供给政策主要包括三个方面：一是个人激活性就业计划，主要针对长期失业或者申请疾病补贴的群体，通过个体需求的满足来提高就业质量。一般来讲，失业者可以通过与社会工作者合作，一起制订计划，内容主要包括

失业人员的基本技能、失业人员职业规划信息和降低失业的具体措施等。激活性就业措施发挥了很强的激励效应，失业人员积极寻找工作，实现再就业。二是积极的劳动力市场培训，包括私人职业培训和公共职业培训。三是教育培训与职业培训相结合。瑞典的劳动力市场培训最初只包括职业培训，随着经济社会的发展，教育培训也被纳入劳动力市场培训。通过职业培训可以提高工作的竞争力，教育培训的主要目标是提高技能，减少结构性失业的人数。在集体协商的工作环境下，最大限度地提高劳动者的技能，进而提高工作效率，达到促进生产的目的。劳动力需求政策，主要包括增加工资补贴和岗位轮替计划。一是为雇主雇用职业者提供工资补贴。工资补贴计划和职业培训计划相结合，使得雇主能够提供更多的工作岗位。国家针对不同的情况，提供不同等级的补贴。在瑞典，国家对于雇用 6 名以上失业青年的企业，给予 60% 的工资补贴；对于雇用残疾人 6 个月以上的企业，给予高达 105% 的工资补贴；对由高失业地区向经济发达地区流动的求职者，给予就业迁徙补贴；对于自谋职业或者自己独立创办小微企业的失业者提供一次性补贴，可见瑞典政府还是比较鼓励青年人创业，以创业带动就业的。二是制订岗位轮替计划。实际上就是瑞典政府实施的带薪休假制度，利用休假计划创造更多的就业岗位。

（2）社会平等。瑞典社会民主党认为，所谓平等就是要公平分配对人身自由具有重要作用的东西。譬如：经济力量与经济条件、教育、接受文化的可能，平等要求给予每个人同等的发展权利，同等的社会结构和经济条件。[①] 首先，瑞典政府在战后推行“同工同酬”的“团结工资”，一方面有助于缩小工资差距，维持劳动力市场较高的流动性；另一方面有利于增强企业的竞争力，在“团结工资”政策下，经济效益差的企业

① 刘玉安：《公平与效率不可兼得吗——美国、瑞典模式的比较与借鉴》，中国书籍出版社 2013 年版，第 160 页。

很快就会被市场淘汰，迫使他们努力提高经济效益。同时，为了防止求职者由于学历、知识和技术等原因导致劳动力市场的分隔，引起就业歧视等不平等现象，瑞典高度重视发展高等教育，为公民的就业平等和公平工资创造条件。其次，推动妇女充分就业。瑞典政府鼓励广大妇女从家庭走上社会，不仅促进了男女平等和妇女解放，而且实现了劳动力生产的社会化。瑞典政府针对妇女充分就业做了一系列的配套工作，调动了妇女的积极性，提高了瑞典的劳动力参与率。由于女性劳动力的比率较高，瑞典的整体劳动力比率明显高于其他国家十几个百分点。根据马克思社会再生产理论，任何社会生产实际上又是社会再生产，物质资料的生产和劳动力的生产是同一生产过程的两个不同方面。生儿育女、读书教育、医病疗伤、退休养老等劳动力自身的生产和再生产，是任何生产活动不可或缺的组成部分，物质资料生产的社会化客观上要求劳动力生产的社会化。同世界多数国家一样，在瑞典，从事学前教育工作的主要是女性。但不同的是，传统的家务劳动变成了社会工作，表面上看不过是妇女在家里看孩子还是到幼儿园看孩子的问题，不过是解决了妇女就业的问题，实际上它是一场革命，一场劳动力生产社会化的革命，推动了社会平等的进程。在瑞典，从学前到大学的全部教育资源均由社会统筹安排，确立了确保教育公平的体制，任何一个瑞典公民都不会由于性别、经济条件、社会地位的原因，得不到发展自己才能的机会。最后，再分配缩小收入差距，促进社会平等。一方面通过财政转移支付缩小收入差距。瑞典中央政府通过规范的转移支付，补给地方政府适当的财政，有效地促进了地区间公共服务的均等化。同时政府高比例的转移支付在缩小居民收入差距方面发挥了积极作用。另一方面通过高税收基础上的高福利，促进社会平等。

（3）完善的社会福利和保障制度。一是教育机会均等。主要体现在普遍的儿童补贴、完善的义务教育和高水平的教育投入。所有瑞典儿童，无论家庭条件怎样，从出生直至 16 岁，监护人都可以领到一笔由政府提供的补助。对所有家庭的儿童采取统一标准，毋庸置疑地体现了起点平等。瑞典从1950年开始就实行9年义务教育，政府不仅免收学费，而且提供学习用品、教科书、午餐和交通费等。义务教育之后的高等教育或者职业教育也是免费的，所有高校学生，均可以领到政府提供的奖学金，确保他们基本的生活所需。二是完善的医疗保险。瑞典社民党于20世纪30年代就已经建立为全体劳动者提供医疗保健服务的制度，后来又把这一制度范围拓展到全体公民。所有公民生病或住院治疗期间，政府统一支付诊断费、治疗费、住院费与药费，还有陪护人员的用餐费。三是实行养老金制度。瑞典在1948年就实行了全民养老金制度，为了改善普通产业工人及低级职员与政府官员、企业家、中高级白领职员的反差，瑞典工会联合会在1956年提出了在全体工资劳动者中建立一种与整个职业生涯收入水平挂钩的补充养老金制度，这一制度为几乎所有人免除了年老的后顾之忧，确保瑞典老年人安度晚年，为瑞典社会的持续稳定快速发展上了保险。

瑞典正是由于坚持“利益共享”思想，为国民提供了“从襁褓到坟墓”的福利，这与其独特的经济政治社会文化背景是分不开的，因此说“瑞典模式”不具有普遍意义，也并非完美无缺。瑞典的“利益共享”是建立在生产资料私有制的基础之上，瑞典社会民主党认为，要等私人财富创造出来之后再对其分配进行管理，但是这丝毫不能改变生产资料归私人所有的性质。近年来，“瑞典模式”也面临一些挑战，庞大的社会福利支出造成全社会的过度消费，严重削弱社会资本形成的能力，出现巨额的财政赤字和较高的通货膨胀率。过高的税收抑制了企业投资的积极性，一些企业为了避税而迁至国外。瑞典共享的经济基础只能建立在“高税收”之上，由于资本主义税收受资本力量和经济周期的影响十分明显，使得共享缺乏根本的制度保障和经济基础，有可能导致共享的不可持续或不稳定。

我国应发展适合中国国情的共享道路和福利模式，有选择地借鉴瑞典具有普遍意义的经验。坚持效率与公平的良性互动。一方面，要以效率促进公平，坚持经济发展水平与社会福利保障水平相适应的原则。效率与公平的关系反映着生产力与生产关系、发展水平与共享程度之间的辩证关系。公平的发展程度是由生产力发展水平决定的，社会福利水平是由经济发展水平决定的。一个国家选择什么样的社会保障模式，一方面要考虑国情以及经济发展所能提供的物质资源和社会承受能力，在经济上升时期也要考虑经济下行时期，国家能否保持同样的支付能力，防止陷入“寅吃卯粮”的恶性循环。另一方面要以公平促进效率，坚持教育公平、就业公平、公共服务均等化以推动经济持续发展。

第二章

共享发展理念的形成过程

中国共产党传承并坚持了马克思、恩格斯共享思想的精髓和基本立场，对共享进行了从理论到实践、从历史到现实的不懈探索，从毛泽东最先提出“共同富裕”思想到习近平明确提出“共享发展理念”，理论的准备和理念的形成本身就是一个历史过程。

一、中国共产党对共享发展理念的历史探索

中国共产党100多年的历史，实际上就是一部党带领全国人民走向共享共富的历史。中国共产党人在继承马克思主义经典作家共享思想的基础上，结合中国实际情况，从理论和实践上对共享发展进行了积极探索。

（一）毛泽东最先提出共同富裕概念

毛泽东最早提出共同富裕概念，并且有一套完整的关于共同富裕的理论，制度前提、实现路径、战略构想等都在毛泽东的筹划中。

1. 毛泽东共同富裕思想的形成过程

毛泽东早年深受“大同”思想和“新村主义”的影响，认为未来的中国社会应该是一个人民共同劳动、共同享有、共同富裕的社会。后来，他逐步确立马克思列宁主义的信仰，深刻领会到“社会主义将以所有人的富裕为目的”，逐步提出并完善了其“共同富裕”思想。早在革命根据地建设时期，毛泽东就提出要关心群众的利益；在革命战争年代，毛泽东将“极力改良民众生活”放在重要地位，认为“一切空话都是无用的，必须给人民以看得见的物质福利”①；在抗日战争时期，毛泽东提出了共产党人的奋斗目标就是为人民大众谋福利，一切从人民的利益出发，向人民负责。中国共产党追求的不是个别阶层、个别集团、个别人的利益，而是追求全体人民的利益；在新中国成立前夕，由于中国长期处于半殖民地半封建的境地，极度贫穷和落后，因此要“力求在一个不太长的时间内改变我国社会经济、技术方面的落后状态”②。毛泽东指出，革命胜利后，党的工作重心要由乡村转移到城市，尽快恢复生产，使人民的生活有所改善。1953 年 12 月，毛泽东在《关于发展农业生产合作社的决议》中明确指出，要逐步实现共同富裕和普遍繁荣的生活。这是毛泽东首次正式提出“共同富裕”的概念。毛泽东始终关注这个问题。他在不同的历史时期虽然对共同富裕的表述不尽相同，但是有着共同的本质。

2. 毛泽东共同富裕思想的主要内容

（1）毛泽东指出，农民的共同富裕是关键，社会主义制度是根本保证。毛泽东认为仅仅满足于土地革命时期给予农民利益是不够的，在社会主义建设时期要带给农民新的利益，社会主义就是要不断满足农民的利益需求。毛泽东在《关于正确处理人民内部矛盾的问题》中指出，要

① 《毛泽东著作选读》下册，人民出版社 1986 年版，第 563 页。

② 《毛泽东著作选读》下册，人民出版社 1986 年版，第 849 页。

使农村中没有贫农，逐步使全体农民达到中农及以上生活水平，这就为农民的共富提出了初步阶段性目标。毛泽东认为，农民的共同富裕是巩固工农联盟的关键。在中国这样一个农村人口占多数的农业大国，实现农民的共同富裕是重中之重，社会主义制度是实现这一目标的根本保证。毛泽东认为，社会主义是现代化社会大生产的产物，共同富裕不能建立在落后的生产力之上。社会主义与贫穷是不相容的，富裕与社会主义是一个硬币的两面。“社会主义道路才是全体农民富裕和生产迅速发展的光明大道。”[①]毛泽东将社会主义与共同富裕紧密联系起来，认为要实现国家的富强和人民的共同富裕，社会主义制度和人民群众团结一致的奋斗是决定性条件，因为社会主义制度是最公正的社会制度。

（2）毛泽东指出，坚持社会主义工业化和农业合作化道路。毛泽东认为，没有社会主义的工业化，就没有巩固的国防，就没有人民的富裕和国家的富强。在一个农业国，是谈不上什么富强的。中国要在若干年内逐步由农业国变成工业国。1951 年，毛泽东提出了工业化“三年准备，十年计划经济建设”的战略构想。1954 年，毛泽东在全国一届人大一次会议上指出，要通过搞几个五年计划，将中国建设成为一个现代文化程度较高的工业化国家。1956 年，毛泽东在《论十大关系》中指出，优先发展生产资料的生产，重点建设重工业。同时绝对不能忽视生活资料的生产，特别是粮食的生产。毛泽东强调要正确处理农、轻、重的关系，认为这是关系到中国工业化道路的问题。对于农民实现共同富裕的路径，毛泽东认为合作社是必要的组织形式。分散的个体经济使农民始终处于受剥削的地位，只有“实行合作化，在农村中消灭富农经济制度和个体经济制度，使全体农村人民共同富裕起来”[②]。毛泽东认为，走互助合作的社会主义道路，是消灭剥削、防止农村两极分化和迅速发展生

① 《建国以来重要文献选编》第 4 册，中央文献出版社 1993 年版，第 721 页。

② 《毛泽东选集》第 5 卷，人民出版社 1977 年版，第 187 页。

产的“最重要和最主要的办法”。

（3）毛泽东提出了“两步走”的发展战略。如何实现共同富裕，毛泽东基于中国国情作了“两步走”的战略部署。毛泽东认为，15 年可以基本实现社会主义工业化，但是还不能建成社会主义现代化的强国，特别是“大跃进”失败后，毛泽东清醒地意识到建设社会主义只能一步一步地来，否则会适得其反。他基于中国人口多、底子薄、经济落后的国情，提醒全党同志要把困难设想得多一点，把时间设想得长一点，想得短了反而会急于求成。根据毛泽东的设想，1963 年党中央作出了社会主义建设分“两步走”的战略部署。

（4）毛泽东坚持发展商品生产和坚持按劳分配原则。毛泽东认为，应该利用商品经济这个工具为社会主义服务，改善农民生活状况，巩固工农联盟。针对一些人认为商品经济会导致资本主义的思想，毛泽东认为生产资料所有制是起决定作用的，目前中国的生产资料全民所有制，同资本主义的商品生产和流通有本质差别。有中国共产党的坚强领导，有无产阶级大众作为依靠，发展商品生产完全可以为社会主义建设服务。毛泽东还认为中国将经历很长时间的商品生产发展阶段，同时强调价值规律的作用，遵循价值规律办事，以等价交换调动人民群众的积极性，逐步实现共同富裕。在分配领域，毛泽东坚持建立能够体现按劳分配原则的工资制度，在全国推行普遍就业，有劳动能力的人都应该参加劳动，贯彻“不劳动者不得食”的原则，决无所谓绝对的平均。毛泽东认为按劳分配可以调动劳动者的积极性，分配制度也要坚持生产力与生产关系相适应的马克思主义基本原理。毛泽东在《读苏联〈政治经济学教科书〉的谈话》中对收入分配提出了一个总的指导方针，反对平均主义过头，会产生个人主义，既要反对平均主义，也要反对悬殊。

毛泽东时代的中国，是当时世界上最公平的国家之一，初步改变了旧中国积贫积弱的面貌，使人民生活水平有了一定的提高，人民普遍享受到生产力发展的成果。但是受国际形势变化以及毛泽东个人思想因素的影响，他的一些正确的理论在实践中并没有得到一以贯之的落实。当时的中国在实践中把共同富裕的立足点放在单一的公有制生产关系的完善上，忽视了与生产力发展水平相适应的客观物质基础。同时，片面夸大精神的能动作用。反对“物质刺激”和“个人利益原则”，强调加强对民众的思想政治教育和社会主义理想信念教育。认为全体党员能够精力充沛、斗志高昂地工作，主要源于革命精神的鼓舞。夸大了思想意识的能动作用，忽略了最基本的人性伦理。

毛泽东时代对共同富裕的探索，成就与教训并存，使我们清醒地认识到：在社会主义建设过程中，必须坚持生产力发展水平与生产关系相适应的原则，遵循客观规律，不能犯“急性病”；同时要坚持以经济建设为中心不动摇，坚持按劳分配原则，健全社会福利保障制度，使全体人民共享经济社会发展基本成果。

（二）邓小平将共同富裕提升到社会主义本质的高度

邓小平继承和发展了毛泽东的共同富裕思想。第一，他把共同富裕提升到了社会主义本质和社会主义优越性的层面；第二，他特别强调社会主义的致富不同于资本主义，是全民共同致富，不会导致富的越富、穷的越穷的“马太效应”；第三，他提出了允许一部分人先富起来的“先富”理论，宏观上提出了“三步走”的伟大战略构想。

1. 邓小平共同富裕思想的提出

邓小平提出共同富裕思想具有深刻的历史背景和时代背景。一是从历史背景来看，中国传统的“不患寡而患不均”的观念根深蒂固，严重阻碍社会主义生产力的发展和社会主义社会的全面进步，甚至成为人们的精神桎梏。在新中国成立之初的一段时间，由于人们对“什么是社会主义”的问题没有搞清楚，一部分人将平均主义当作社会主义的优越性加以固守。在分配领域公平优先，忽视物质利益原则，挫伤了民众的劳动积极性，实质是奖懒罚勤，阻碍生产力的发展。邓小平在会见新西兰总理朗伊时明确指出，走社会主义道路搞平均发展是不可能的，改革首要的就是打破平均主义。二是从时代背景来看，邓小平对“宁要穷的社会主义，不要富的资本主义”的荒谬理论进行了批判。“四人帮”为了实现他们的政治野心，大搞思想禁区，大肆宣扬富裕是资本主义的代名词、越穷越光荣等荒谬理论，使人们的思想陷入混乱。邓小平认识到解放思想的重要性，针锋相对地指出这些言论是“以极左面目出现的主张普遍贫穷的假社会主义”[①]，社会主义绝对不能建立在贫困的基础上。马克思、恩格斯就曾明确指出，社会主义是建立在“生产力的巨大增长和高度发展”的基础上的，“社会主义的特点不是穷，而是富，但这种富是人民共同富裕”[②]。任何把贫穷和社会主义联系在一起的企图，都是对科学社会主义基本原则的蓄意篡改。邓小平纠正了颠倒的是非观，恢复了马克思主义的本来面目，在使人们弄清楚“什么是社会主义”的过程中，逐步提出共同富裕思想。

2. 邓小平共同富裕思想的主要内容

邓小平继承并坚持了毛泽东共同富裕思想的科学成分，结合新的国际形势和社会生产力发展的客观要求，在探索社会主义本质的过程中系统阐述了共同富裕理论，为改革开放的顺利推进指明了方向。

（1）邓小平指出，社会主义道路是实现共同富裕的根本保证。第一，生产资料公有制是共同富裕的制度保障。公有制实现了劳动者在全社会范围内或劳动者集体范围内对生产资料的平等，生产资料不再是剥削他人的工具或手段，而是发展社会主义生产力的手段，为实现社会主义的生产目的奠定经济基础。生产资料所有制决定着社会生产的目的，这是由这一社会制度本身的属性所决定的，生产资料的公有制决定了社会主义必然走共同富裕的道路。邓小平认为共同富裕必须建立在公有制的生产关系之

---

① 《邓小平文选》第 2 卷，人民出版社 1994 年版，第 165 页。

② 《邓小平文选》第 3 卷，人民出版社 1993 年版，第 265 页。

上，没有公有制，也就谈不上社会主义。第二，社会主义的富裕是全民共同致富，不会导致富的越富、穷的越穷的“马太效应”。社会主义的生产关系可以最大限度地解放和发展生产力，并且发展的成果属于全体人民。邓小平于1985年强调指出，中国在改革中坚持了两条原则，一是公有制占主体地位，二是走共同富裕的道路，避免贫富悬殊。也正是从这个角度，邓小平认为中国发展社会主义市场经济并没有违背社会主义的原则。

（2）邓小平指出，共同富裕是社会主义的本质和根本原则。社会主义的优越性是相对于资本主义制度而言的，体现在生产力和生产关系两个方面。一方面，社会主义的优越性体现在比资本主义有更好的条件发展社会化生产力；另一方面，社会主义不同于资本主义的最鲜明的特点就是不搞两极分化。虽然在实践中采取了非均衡的发展战略，让一部分人和一部分地区先富起来，但是大原则还是要共同富裕。共同富裕是社会主义的根本原则，“如果走资本主义道路，可能在某些局部地区少数人更快地富起来，形成一个新的资产阶级，产生一批百万富翁，但顶多也不会达到人口的百分之一，而大量的人仍然摆脱不了贫穷，甚至连温饱问题都不能解决”①。

（3）邓小平指出，大力解放和发展生产力是实现共同富裕的必要条件。毛泽东在理论上早已认识到发展生产力对于实现共同富裕的重要性。邓小平深刻汲取了这个教训，明确指出解放和发展生产力是实现共同富裕的前提和关键，把发展生产力作为社会主义初级阶段的根本任务，并且在实践中重视科学技术的重大作用，提出要解放生产力。毛泽东更多采用群众运动的方式来推动生产力的发展，通过调整生产关系来刺激生产力的发展，在实践中走了不少弯路。对此，邓小平说过：“不是说他不想发展生产力，但方法不都是对头的……没有按照社会经济发

① 《邓小平文选》第3卷，人民出版社1993年版，第208页。

展的规律办事。”[①] 邓小平紧紧抓住发展生产力不动摇，将对内改革和对外开放相结合，不断积累社会物质财富，为共同富裕创造条件。

（4）邓小平指出，实现共同富裕要注意长期性和战略部署。邓小平继承了毛泽东注重从中国国情出发制定战略规划的思想，认识到实现共同富裕需要一个较长的历史过程，不能把目标定得过高，也不能把时间定得过短。邓小平将共同富裕可以分阶段实现的想法具体化，提出了“温饱—小康—富裕”三个阶段的“三步走”战略设想，体现了继承和超越的统一，体现着发展生产力与人民共同富裕的统一，符合社会主义初级阶段的基本国情和经济社会发展的规律。在具体举措上，邓小平提出了“两个大局”的思想，跳出传统的共同富裕实现模式，创造性地采取不均衡发展战略，而不是“齐步走”式的同步富裕和同等富裕，体现了效率优先和兼顾公平的统一，在改革开放初期具有显著的积极意义。

（三）江泽民提出努力使各阶层群众共享经济发展成果

江泽民继承和发展了毛泽东与邓小平的共同富裕思想，提出了“三个代表”重要思想作为共同富裕的指导思想，采取了一系列具体的实现共同富裕的措施。

1. 江泽民对共同富裕思想的进一步深化

江泽民一贯高度重视共同富裕这个重大问题，将共同富裕作为21世纪的一项重要战略目标。一是将共同富裕的目标具体化为人的全面发展，并将共同富裕作为建设社会主义新社会的本质要求，使人的全面发展和社会物质财富的创造相互促进。二是提出“三个代表”重要思想作为共同富裕的指导思想。共同富裕包括物质富裕和精神富裕的双重内涵，发展先进生产力和发展先进文化是实现这一目标的必然要求，而“代表最广大人民群众的根本利益”则是其根本要求、最终归宿和落脚

① 《邓小平文选》第3卷，人民出版社1993年版，第116页。

点，与共同富裕的目标内在一致。

2. 江泽民提出社会各阶层要共享经济发展成果，加快经济发展以促进共同富裕

1997 年，江泽民在关于现代文明社会残疾人观的论述中，从扶残助残、保护弱势群体的角度，首次明确提出“共享社会物质文化的成果”的理论命题，指出残疾人的解放是人类解放的一个重要组成部分。在党的十五大报告中，江泽民在提出“人民共享经济繁荣成果”[①] 的基础上进一步明确提出“努力使工人、农民、知识分子和其他群众共同享受到经济社会发展的成果”[②] 是社会主义现代化建设的根本目的和宗旨。要实现“社会各阶层共享经济发展成果”，最根本的是要加快经济发展。江泽民提出“发展是党执政兴国的第一要务”和“可持续发展战略”，确立和完善了社会主义市场经济体制，对分配问题作出了新的论述，首次明确肯定了允许和鼓励资本、技术等生产要素参与收益分配。

3. 江泽民拓展了实现共同富裕的战略举措

首先，江泽民提出了“新三步走”的发展战略，指出全面建设小康社会是实现共同富裕的阶段性目标。展望 21 世纪，江泽民在邓小平“三步走”战略的基础上，以“2000—2010—2020—2050”为几个时间节点对我国“第三步”战略进行具体的再分，指出 21 世纪的前 20 年是全面建设小康社会的 20 年，2010 年的国民生产总值要比 2000 年翻一番，在 2050 年左右总体达到现代化。全面小康是针对总体小康而言的，重点就是要让全体人民都能受惠于经济社会发展成果。全面小康社会追求的就是缩小工农、城乡、地区三大差别，为逐步实现共同富裕确定阶段性目标。其次，从促进区域协调发展的角度，提出了实施“西部大开发”战略。该战略是对邓小平“两个大局”思想的进一步贯彻落实，有

① 《江泽民文选》第 2 卷，人民出版社 2006 年版，第 17 页。

② 《江泽民文选》第 2 卷，人民出版社 2006 年版，第 262 页。

利于促进发达地区与落后地区的协调发展。江泽民指出，对于区域之间的差距，要看到其历史性和长期性，遵循“效率优先，兼顾公平”的原则，打造西部地区的“增长极”，通过东部地区的辐射作用以点带面，推动区域经济发展，最终实现共同富裕。最后，针对存在大量贫困人口的问题，提出了走开发式扶贫的道路。中国的贫困人口主要是农民，江泽民认为“三农”问题是关系党和国家全局的根本性问题，对贫困地区和人口要采取大规模、有组织、有计划的扶贫开发。一是要创新扶贫开发方式，变传统的救济式扶贫为开发性扶贫，重视贫困地区经济结构调整。二是要继续采取措施，继续推进农村税费改革，减轻农民负担。三是要实行观念扶贫，“扶贫先扶智”，重视贫困农民素质的提高。

（四）胡锦涛提出“发展成果由人民共享”的理论命题

胡锦涛指出，共同富裕是构建和谐社会的必然要求，要坚持以人为本，维护公平正义，真正做到“发展成果由人民共享”。

1. 胡锦涛明确提出“发展成果由人民共享”的理论命题

科学发展观的核心是以人为本，发展成果由人民共享是以人为本的重要内涵。胡锦涛始终高度重视共享问题。2002 年，党的十六大报告指出“保证人民共享发展成果”；2004 年，党的十六届四中全会提出“保证人民群众共享发展成果”；2005 年，党的十六届五中全会从社会公平的角度指出“全体人民共享改革发展成果”“改革成果由人民共享”；2007 年，党的十七大报告指出“经济发展成果由人民共享”；2012 年，党的十八大报告正式提出“发展成果由人民共享”的理论命题，拓宽了共享的主体、内涵和外延。该报告强调指出，人民是发展的主体和目的。共富共享是以人为本的共富共享，是以“人的全面发展”为目标的共富共享，是人的物质、精神、政治需求以及自身发展需求得到满足的共富共享。这些观点从以人为本的角度揭示了共富共享的主体、内涵和价值目标，是对共同富裕思想的进一步深化。

2. 胡锦涛指出，共富共享是构建社会主义和谐社会的必然要求，是共建与共享的统一

第一，社会主义和谐社会是一个物质丰裕的社会，贫穷的社会不可能和谐。根据马克思主义的基本原理，社会要和谐，关键还是要靠发展，不仅是经济的发展，更是经济社会的协同并进。第二，社会主义和谐社会是一个公平正义的社会，充斥着不公正的社会不可能和谐。经济发展并不自动带来社会公正。富起来后，社会财富分配的公正性是社会和谐的关键。社会公正体现着“资源共享，普遍受益”的原则，是社会和谐最深厚的现实基础和基本条件。第三，构建社会主义和谐社会必须走共富共享的道路。只有走共富共享的道路，才能协调各阶层的利益，有效化解人民内部矛盾。共富共享是社会和谐的重要前提、现实基础和保障条件。同时，走共富共享的道路要坚持共建与共享的统一。

3. 胡锦涛对共富共享的实践探索

一是将维护社会公正作为政府的天然职责。针对公平与效率的关系，党的十六大报告指出“初次分配要注重效率，再分配要注重公平”；党的十六届五中全会通过的“十一五”规划进一步提出要更加注重社会公平，意指初次分配也要讲公平，标志着我国的政策走到从“先富”到“共富”的历史拐角，共富共享成为政策的基调和社会的主旋律。中共中央采取了一系列促进社会公平的政策措施，调整国民收入分配格局，加大收入分配调节力度，采取“提低、扩中、调高”的措施，建立最低工资制度等。二是提出包容性发展理念，高度重视社会和民生建设。2011 年，胡锦涛在博鳌亚洲论坛上正式提出“包容性发展”的理念，否定了传统经济发展中的“唯 GDP”论等错误观点。“包容性发展”理念旨在使发展回归本质，重视社会发展和人的发展，强调发展成果的利益共享，尤其是维护弱势群体的权益。在“包容性发展”理念的指导下，中共中央采取了一系列惠及民生的措施：建立法制化的社会保障制度，逐步扩大社会保障的覆盖面，加大对贫困群体的直接救助和扶持力度，

加大对困难地区转移支付的力度；促进教育公平和机会均等。共享发展与包容性发展理念所倡导的“所有人的参与和所有人的发展”“利益共享的发展”“机会平等”等思想是内在一致和一脉相承的。

二、党的十八大以来共享发展理念的形成

习近平高度重视人民的共享共富，明确指出：“消除贫困、改善民生、实现共同富裕，是社会主义的本质要求。”[①]党的十八大以来，以习近平同志为核心的党中央顺应时代潮流，坚持问题导向，提出了一系列符合中国国情、时代特征和人民利益的新判断、新思路、新举措。面对“新常态”下的新形势，党中央从我国经济社会发展的长远和全局出发，在党的十八届五中全会上提出了新发展理念，在坚持科学发展观的基础上，进一步深刻回答了当代中国“实现什么样的发展、怎样实现发展”的重大问题，是当代中国的新发展观，标志着中国共产党对经济社会发展趋势和发展规律的认识达到了新的高度。在新发展理念中，共享发展理念具有极为突出和重要的地位，一方面是因为它不仅是新发展理念的归宿和落脚点，也是习近平治国理政思想的出发点，为习近平治国理政思想提供了科学的价值指引；另一方面是因为它是中国领导人第一次向全体人民公开承诺并实施的共享发展战略，是具有独创性的中国话语。习近平对共享发展进行了全面、系统和深刻的论述。

（一）系统论述了“什么是共享发展，为何共享发展，如何共享发展”的重大问题

党的十八大以来，习近平坚持以人民为中心的发展理念，把人民群

---

① 《习近平谈治国理政》，外文出版社 2014 年版，第 189 页。

众的共同富裕和共享发展放在最根本、最重要的位置，科学、系统、完整地阐述了关于共享发展的一系列问题。

关于“什么是共享发展”，习近平指出，共享发展就是“让每个人获得发展自我和奉献社会的机会，共同享有人生出彩的机会，共同享有梦想成真的机会，保证人民平等参与、平等发展权利，维护社会公平正义，使发展成果更多更公平惠及全体人民，朝着共同富裕方向稳步前进”[①]。这一论述初步明确了共享发展的目标方向和丰富内涵，共享的内容不仅包涵物质的、有形的发展成果，也包含人的尊严、价值实现和幸福指数等主观世界的内容。在学习贯彻党的十八届五中全会精神研讨班上，习近平进一步全面概括了共享发展四个方面的科学内涵：从共享发展的主体即覆盖人群来讲，共享发展是“全民共享”，少部分人共享不是真正的共享；从共享发展的客体即具体内容来讲，共享发展包括物质文明、精神文明、生态文明和社会文明建设的成果，将共享从“成果共享”拓展至发展权利共享、发展机会共享、发展过程共享、发展愿景共享等；从共享发展的前提来讲，不仅强调做大“蛋糕”的重要性，而且特别强调发展过程的共享，认为国家发展的过程和人民共享成果的过程是统一的。从共享发展的实现过程来看，共享发展不是一条直线，而是受经济社会发展水平的制约，有一个逐步发展的历史过程。总之，共享发展是以人民为中心的发展，是维护社会公平正义的发展，是逐步实现共同富裕的发展。

关于“为何共享发展”，习近平在担任中共中央总书记伊始就指出，“全党同志的重托，全国各族人民的期望，是对我们做好工作的巨大鼓舞，也是我们肩上的重大责任……我们的责任，就是要团结带领全国各族人民，继续解放思想，坚持改革开放，不断解放和发展社会生产力，

① 《在中法建交五十周年纪念大会上的讲话》，《人民日报》2014年3月29日。

努力解决群众的生产生活困难，坚定不移走共同富裕的道路。”[①] 从中国共产党的根本宗旨来看，推进共享发展、实现共同富裕是中国共产党的重要使命。“让广大人民群众共享改革发展成果，是社会主义的本质要求，是社会主义制度优越性的集中体现，是我们党坚持全心全意为人民服务根本宗旨的重要体现。这方面问题解决好了，全体人民推动发展的积极性、主动性、创造性就能充分调动起来，国家发展也才能具有最深厚的伟力。”[②] “中国执政者的首要使命就是集中力量提高人民生活水平，逐步实现共同富裕。”[③] 从中国特色社会主义制度优势来看，共享共富是中国特色社会主义的重大任务、根本原则和重大优势。在党的十九届四中全会上，习近平总书记明确指出我国国家制度和国家治理体系具有多方面的显著优势，将“坚持以人民为中心的发展思想，不断保障和改善民生、增进人民福祉，走共同富裕道路的显著优势”[④] 列为十三个显著优势之一。“增进民生福祉是我们党坚持立党为公、执政为民的本质要求……让老百姓过上好日子是我们一切工作的出发点和落脚点……改善民生是推动发展的根本目的。”[⑤] 从中国特色社会主义道路角度来看，习近平在党的二十大报告中系统阐释了中国式现代化的中国特色，明确指出中国式现代化是全体人民共同富裕的现代化。要实现现代化，必须坚持共享发展，着力解决社会不公正和一部分人“获得感”不足的问题，具体表现在收入分配的不公、公共服务水平的差距拉大和制度的不完善等诸多方面。针对这些突出问题，必须“不断克服各种有违公平正义的

---

① 《习近平谈治国理政》，外文出版社 2014 年版，第 3—4 页。

② 《习近平谈治国理政》第 2 卷，外文出版社 2017 年版，第 200 页。

③ 《愿同各国一道构建新型国际关系　坚持中美新型大国关系正确方向》，《人民日报》（海外版）2015 年 9 月 24 日。

④ 《〈中共中央关于坚持和完善中国特色社会主义制度，推进国家治理体系和治理能力现代化若干重大问题的决定〉辅导读本》，人民出版社 2019 年版，第 4 页。

⑤ 《习近平总书记系列重要讲话读本》，学习出版社、人民出版社 2016 年版，第 213 页。

现象，使改革发展成果更多更公平惠及全体人民”[①]。

关于“如何实现共享发展”，习近平明确指出，落实共享发展是一门大学问，必须做好从宏观制度设计到最终落地落实的工作。落实共享发展任务重，措施多，工作千头万绪，但归结起来，最重要的有两条，即“把蛋糕做大”和“把蛋糕分好”。“把蛋糕做大”可以为社会公平正义奠定物质基础，要“做大蛋糕”，就必须坚持共享的共建性原则，为人民共享提供持久动力。“‘蛋糕’不断做大了，同时还要把‘蛋糕’分好。”社会公平正义是共享发展的“要害”，“如果不能创造更加公平的社会环境，甚至导致更多不公平，改革就失去意义，也不可能持续。”[②]从依靠主体来看，习近平指出共同富裕要靠共同奋斗。2021 年 8 月 17 日，习近平在中央财经委员会第十次会议上指出：“幸福生活都是奋斗出来的，共同富裕要靠勤劳智慧来创造。”[③]明确指出全体人民是共享共富的实践主体和依靠力量，强调要依靠勤劳智慧创新致富。从实现过程来看，实现共同富裕具有长期性、艰巨性、复杂性和渐进性，因此习近平明确提出实现共同富裕三个阶段的战略安排，指出要深入研究不同阶段的目标，分阶段扎实推进共同富裕。从基本原则来看，习近平指出，促进共同富裕，要把握好“鼓励勤劳创新致富、坚持基本经济制度、尽力而为量力而行、坚持循序渐进”的原则。习近平指出的这四个原则具有系统性、辩证性和战略性的特点，为新时代扎实推进共享共富提供了重要遵循。从实现路径来看，总的思路是坚持以人民为中心，习近平高度重视共享的“制度安排”，强调要通过经济制度、政治制度、文化制度、社会管理制度和生态制度的完善，为共享发展提供制度支撑。对于共享发展的具体措施，党的十八届五中全会明确提出八项举措，把缩小

---

① 《习近平谈治国理政》，外文出版社 2014 年版，第 96 页。

② 《习近平谈治国理政》，外文出版社 2014 年版，第 96 页。

③ 《扎实推动共同富裕》，《求是》2021 年第 20 期。

收入差距和精准扶贫作为抓手，把完善公共服务和社会保障作为重点，把推进教育公平和创业就业作为关键，把推进健康中国和人口均衡作为动力。

（二）深刻阐明了共享与创新、协调、绿色、开放之间的辩证统一关系

新发展理念是对马克思主义发展观的坚持和发展。马克思主义发展观坚持从社会基本矛盾出发分析发展中的问题，注重发展的整体性和规律性。唯物史观和辩证法是破解发展难题的钥匙，明确指出了历史的创造主体和依靠力量，指出了要用系统的、联系的、全面的观点看待问题发展的方法论；发展有其客观规律，不能逆规律而动，要科学地处理人和人、人和自然、人和社会之间的矛盾，把发挥人的主观能动性与遵循事物发展的客观规律性统一起来。新发展理念是一个整体系统。在这个系统中，创新是动力，协调是方法，绿色是方向，开放是战略，共享是目的。上述五个因素之间是辩证统一、相辅相成的关系，共享作为发展的目的和价值取向居于最高层次地位。

创新发展是最终实现共享发展的动力源泉。在党的十八届五中全会上，习近平作出“创新是引领发展的第一动力”的科学论断，将创新提升到国家经济社会发展全局的核心位置。人类发展历程告诉我们，发展必须依靠创新引领，因循守旧的路子行不通。从历史教训来看，中国曾经错失了两次科技革命的发展机遇，丧失了发展的主动权，大大延迟了中国的现代化进程。进入 21 世纪，全球产业剧烈变革，一场新科技革命、新工业革命正在孕育，增强中国的自主创新能力刻不容缓。党的十八大以来，中国经济发展进入新常态，针对“三期叠加”的严峻形势，必须实现经济发展方式从“要素驱动”“规模投资驱动”向“创新驱动”的转变，促使经济的“双中高”运行和经济结构的优化，为经济发展提供持久的、内生的动力，为跨越“中等收入陷阱”提供坚强支撑，为实

现共享发展提供必要的前提和不竭的源泉。

协调发展是实现共享发展的内在要求。协调是唯物辩证法在发展中的具体运用，是科学发展的重要举措，是对科学发展观“统筹兼顾”思想的深化。马克思、恩格斯论述过未来社会协调发展的问题，指出共同体的实现以消灭城乡对立为前提，未来社会“城市和乡村之间的对立也将消失。从事农业和工业的将是同一些人，而不再是两个不同的阶级”[①]。协调发展是社会主义的基本特征，是对共享发展本质的确认和延伸。中国特色社会主义进入新时代，社会主要矛盾发生了转化，从供给侧来看，发展的不平衡不充分问题凸显。发展的相对平衡与和谐是共享发展的题中应有之义，要实现共享发展，就必须努力克服城乡之间、区域之间、部门之间、物质硬实力与精神软实力之间、产业发展与生态环境、经济发展与社会发展之间的“一条腿长，一条腿短”的不协调问题。在实践中，要树立整体系统思维，按照辩证法办事，把全面和重点协调起来，正确处理好一系列重大关系，形成相互联动、协同并进、包容并蓄、多样并存的局面。

绿色发展是实现共享发展的生态保证。绿色是发展的方向，是遵循自然规律的可持续发展。自然环境是人类社会存在和发展的前提，没有绿水青山，没有洁净的空气，没有放心的食品，没有人与自然的和谐，共享发展就只能是一句空话。马克思在《1844 年经济学哲学手稿》中曾经提出“人同自然的和解”与“人同本身的和解”的重要命题，认为人是自然界的一部分，“人同自然的和解”是人与自然界的互动过程，因此人类与自然、社会应该是和谐统一的。“绿色”是共享发展的题中应有之义；“共享”是绿色发展的核心原则。绿色发展理念将环境的承载能力放在更加重要的位置，把维护环境健康和生态和谐作为发展中遵循的一项目标原则。绿色发展是兼顾公平的发展，将自然生态作为一个命运共同

① 《马克思恩格斯选集》第 1 卷，人民出版社 1995 年版，第 243 页。

体和生命共同体，以低碳发展的理念作为切入点，加快绿色发展技术创新，努力为民众提供“优良的生态环境”这一公共产品。绿色发展不仅具有显著的生态效益，而且可以给社会发展带来直接的经济效益；低碳产品在国际经济中具有巨大的市场和可观的效益，因此将生态文明制度建设置于发展绿色经济的基础之上，是有利于促进共享发展的。

开放发展是实现共享发展的外在支撑。开放是发展的战略，主要涉及中国与世界的关系。科学社会主义是在世界历史的逐步形成中产生的。列宁强调过要借鉴资本主义的先进成果发展社会主义的思想。开放实际上是社会主义的一个基本特征。中国共产党更是将开放作为社会主义建设的重要经验，我们党正是靠改革开放，才实现了综合国力的迅速提升，才取得了相对于资本主义制度的比较优势。在经济全球化的背景下，全世界处在一个深度交流交融交锋的时代，国际金融危机的深层次影响依然存在，中国必须深度融入世界经济，参与全球经济治理，提升在国际治理体系中的话语权，才能为共享发展营造互利共赢的国际环境。开放发展是互利共享的开放，以建构广泛的利益共同体为核心理念，根据各国的优势进行合作，形成优势互补、利益共享的合作关系，“一带一路”和亚投行，正是一个包容性的共享发展平台。开放发展是双向互动的开放，要坚持“走出去”与“引进来”相结合，最终形成国际要素有序流动、资源高效配置、市场深度融合、利益互惠一体的双向开放型经济。开放发展是有担当的开放，中国不但要与世界各国共享更多的利益，同时也应该承担更多的责任和义务，特别是在全球公共产品的供给方面承担中国应负的责任，在全球公共卫生、全球安全、气候稳定、跨国公共基础设施建设方面共商共建共享，做好国际秩序的参与者、建设者和贡献者，这也是国际共享的重要内涵。

（三）深刻阐述了共享发展与“四个全面”战略布局之间的关系

党的十八大以来，以习近平同志为核心的党中央，应时代之变迁，立时代之潮头，发时代之先声，围绕坚持和发展中国特色社会主义的重大课题，创立了习近平新时代中国特色社会主义思想。“发展如征途，治国如弈棋。”新发展理念和“四个全面”战略布局在习近平新时代中国特色社会主义思想中居于重要地位，是中国共产党治国理政方略的深度总结和理论升华，对中国特色社会主义未来发展具有引领作用。

新发展理念是对治国理政思想的进一步完善与发展，集中体现了习近平治国理政思想的价值实质、战略设计、发展思路和实践举措等，使习近平治国理政思想在内涵上更为丰富，在逻辑上更为严密，从整体上构建了一个从价值指引到战略布局，到聚焦问题“短板”、重点发力的完整体系。“创新”理念回应了治国理政的根本动力，“绿色”理念回应了治国理政的持久支撑，“协调”理念回应了治国理政的良性结构，“开放”理念回应了治国理政的空间格局，“共享”发展理念回答了治国理政的根本目的，由此多角度展开并呈现了习近平治国理政思想的基本内核。尤其是共享理念，作为习近平治国理政思想的出发点、落脚点和最终归宿，为治国理政思想提供了价值指引，就像一条红线贯穿于治国理政的全部内容。同时，共享发展也是治国理政的强大动力，通过推动人的自由和全面发展，提升了作为主体人的素质和能力，调动了人民群众共建共创的积极性和能动性，增进了对中国特色社会主义的认同。

“四个全面”战略布局是治国理政的顶层设计，是治国理政的总方略，是坚持问题导向、应对挑战和化解矛盾的重要法宝。从实现“全面建成小康社会”任务目标，到提出“全面建设社会主义现代化国家”，战略目标发生了跃升，但是作为发展的指向，主要还是为了解决当前发展不协调、不平衡、不充分的问题；“全面深化改革”作为发展的动力，主要是为了解决发展的深层次矛盾，尤其是解决社会分层“凝固化”与社会流动“缓慢化”问题；“全面依法治国”作为发展的保障，主要是为了解决与现在的治理方式不相适应的现实矛盾，维护社会的公平正义；“全面从严治党”作为发展的关键，主要是为了解决人民群众反映强烈的“四风”泛滥的严重腐败问题。这些问题是发展道路上的重要障碍。新发展理念正是对中国社会发展实践中的这些矛盾和问题所进行的进一步反思。共享作为新发展理念的核心和价值终鹄，体现着社会的公平正义，与“四个全面”战略布局紧密联系、相互促进；“四个全面”为共享发展提供了价值目标、发展动力、制度支撑和重要保证。

全面建设社会主义现代化国家是共享发展的中期目标。共享发展理念是在全面建成小康社会的决胜阶段，为了解决我国发展中的突出矛盾和问题应运而生的，与人民群众期盼在发展中有更多“获得感”的新期待相呼应。从奋斗目标的远近层次来看，共享发展的远大目标是实现以“自由人联合体”为特征的共产主义，中期目标是实现民族的复兴，直接的奋斗目标是全面建成小康社会。共享发展与全面建成小康社会高度契合，二者发展的目标与价值主体都是人民群众；全面建成小康社会“五位一体”的布局体现着共建共享的价值目标，社会财富充分涌流为共享发展提供经济基础，维护和扩大人民的民主权利为共享发展提供政治基础，文化软实力的提升与人民精神文明程度的提高为共享发展提供思想文化基础，社会和谐和公平正义直接推进共享发展的实现，生态环境的改善为共享发展提供生态保证；共享发展的实现过程也正是全面建成小康社会的推进过程，二者密切联系、相互促进。全面建成小康社会是中国共产党对广大人民群众的郑重承诺，已于2020年如期实现，经济持续发展、社会越发和谐公正、生态环境更加良好惬意，人民群众的生活质量迈上了新的台阶，更进一步接近了共同富裕的目标，进一步扩大了人民群众共享发展成果的内涵和层次。全面建成小康社会、实现第一个百年奋斗目标之后，标志着我国进入一个新发展阶段，我们乘势而上开启全面建设社会主义现代化国家新征程，向着第二个百年奋斗目标进军，为共享发展提供了新境遇、新目标。

全面深化改革是共享发展的内在要求。其根本出发点和落脚点就是要解决社会的公平正义问题，否则改革不仅失去了意义，而且也是不可持续的。恩格斯说过，社会主义并非一成不变的社会，它和任何其他的社会制度一样，是经常改革和变化的社会。邓小平曾经针对党和国家的各项制度中存在的弊端指出，必须认真改革。共享发展的实现必须打破固有的“利益藩篱”，只有深化改革才能切断各种利益羁绊，打破各种利益固化，破除各种利益阻挠，实现最大多数群众的根本利益。只有全面深化改革，才能打破与共享发展理念不相适应的各项机制，建立符合与促进共享发展的制度安排，增强人民群众的获得感。反过来，共享也可以提升改革的效率。改革是对利益格局的调整，必然会有得利者群体，也会有利益相对受损群体，利益分配的相对失衡可能会使普通民众产生抵触和懈怠情绪，建立在公正、共享基础上的利益协调机制可以缓和利益矛盾，成为改革的“润滑剂”。公平正义的社会环境和制度环境，有利于形成改革的激励机制和动力机制，促使社会底层群体冲破阶层“天花板”，逐步打通阶层上升的通道。

全面依法治国是共享发展的制度保障。“有效的制度安排”是共享发展的根本保证，全面依法治国不仅是坚持和发展中国特色社会主义的制度保证，也是共享发展的制度保障。全面依法治国的根本任务就是要维护社会公平正义，习近平曾经指出：“我曾经引用过英国哲学家培根的一段话，他说：‘一次不公正的审判，其恶果甚至超过十次犯罪。’这其中的道理是深刻的。如果司法这道防线缺乏公信力，社会公正就会受到普遍质疑。”[①]由此可知，司法的公正是整个社会公平和正义的基石。如果没有司法的公正，社会公正的大厦就会有坍塌的危险。习近平说的“法治是治国理政的基本方式”“人民是依法治国的主体和力量源泉”[②]体现了中国共产党人站在时代和实践基础上对法治建设新的谋划，凸显了人民在法治建设中的主体地位。全面依法治国对共享发

① 《十八大以来重要文献选编》(上)，中央文献出版社 2014 年版，第 718 页。

② 《加快建设社会主义法治国家》,《求是》2015 年第 1 期。

展的制度支撑，体现在立法、司法和执法的全过程。要把体现人民利益、反映人民意愿、维护人民权益、增进人民福祉落实到全面依法治国全过程，使法律及其实施充分体现人民意志。要通过国家立法，赋予公民生存权、教育权、就业权、社会保障权等各项共享权利，使公民的权利、义务和职责明晰化，确保公民各项权利的实现；要通过稳定的法律制度，公民对自己的权利义务可以具有明确的判断和预期，减少制度实施中的摩擦，同时也使各项制度的运行进入良性循环的状态；要严格公正地执法，确保法律全面准确实施，提升执法公信力，维护社会正义。

全面从严治党是共享发展的组织保证。近年来，社会上频频出现的贪污腐败、“权力寻租”、“潜规则”和钻政策空子等违反党纪法规的现象，剥夺了一部分人应当享有的权利，使社会资源极不合理地向一部分人手中集中，严重损害了人民群众的利益并危及党的公信力，与党的执政宗旨和共享发展的目的相违背。在党的建设面临严峻形势的情况下，习近平提出要全面从严治党，他把加强和改进党的建设同创造公平正义的社会环境联系在一起进行论述，如果老百姓要解决一些与生存和发展相关的普通问题，都要通过找门道、拉关系，那么社会发展就丧失了活力，党的公信力也会受到冲击。党性和人民性是一致的。党性源自人民性，人民性依靠党性来保证。全面从严治党的力度影响着共享发展的实现程度。因此，要坚持走群众路线，确保人民群众成为全面从严治党效果的最高评判者；要加强作风建设，营造良好政治生态，有腐必反、有贪必肃，深入探索“不敢腐，不能腐，不愿腐”的有效机制，做到政治清明、政治清廉，消除政务诚信危机，进一步巩固党和政府的群众基础，为共享发展营造风清气正的良好环境。

第三章

共享发展理念的内涵、特征与时代价值

共享发展是中国特色社会主义的核心命题。中国共产党在坚持以马克思主义基本原理为指导，在科学研判国际国内形势、充分汲取中国优秀传统文化、深刻总结国内外发展经验教训的基础上，将共享发展上升到治国理政、发展战略的层面，体现了高度的历史自觉、理论自觉和实践自觉。党的十八届五中全会明确指出了共享发展的战略地位、根本目标和重要任务，全面吹响了共享发展的号角。当今时代，共享是一个热词，共享发展理念深入人心，“共享经济”如火如荼。在此情况下深刻理解和充分把握共享发展的理论内涵、基本特征与重要意义至关重要。需要指出的是，共享发展与“共享经济”分属不同的层面和范畴。共享发展是国家战略层面的一种发展理念；“共享经济”除了一些具有争议的理论观点之外，主要指经济运行层面的一种商业模式，无论是社会主义还是资本主义都可以用，更侧重于工具属性。

一、共享发展不等于“共享经济”

共享发展是国家发展层面的、与社会制度相关的一种发展理念，与“共享经济”不一样。

对于“共享经济”的认识，目前主要有这样几种看法：（1）“共享经济”就是平均分配社会财富和公有资产。（2）“共享经济”就是改善民生。（3）“共享经济”就是共产主义的“按需分配”，是“乌托邦”。（4）“共享经济”是一种当前流行的商业运行模式。（5）“共享经济”是一种分配关系，是一种决定发展成果归属的经济关系。

首先，前三种有关“共享经济”的观点都是错误或存在偏颇的。第一种观点带有“平均主义”分配方式的遗毒。当前有极个别人甚至提出“将国有资产折合成股份，平均分配给全体人民”，实现“全民所有”的主张，就是受这种观点的影响。将“共享经济”理解为平均主义，违背了社会主义的本质和初衷，会走到“封闭僵化的老路”上去。第二种观点有合理因素，但是忽视了共享的制度属性，社会主义要改善民生，资本主义也有大量改善民生的政策和手段。改善民生是社会具体运行机制层面的条件和手段，与共享发展不属于同一个层面。改善民生的确是共享发展的重要内容，但是共享发展并不局限于改善民生。第三种观点看到了共产主义按需分配的按需本质，但认为当前不具备实现共享的现实条件。实质上，共享的实现形式也是分层次的，既有按需分配这种高级的共享方式，也有按劳分配这种初级的共享途径。

其次，共享发展不同于商业模式的“共享经济”。“共享经济”（也称“分享经济”）是当前颇为流行的一种商业运行模式，将社会闲置资源的所有权和使用权分离，通过互联网平台进行精确的按需分配，实现了“出租方”与“需求方”的双赢，提高了经济效率，堪称商业模式的一次“颠覆性”创新。但是二者在内涵、目标、条件和结果等方面有着显著区别，共享发展是党和国家层面的一种执政理念、发展理念和价值观，与社会制度和生产资料所有制密切相关。共享发展的最终目的是实现人民的共同富裕和每个人自由而全面的发展；“共享经济”则只是经济运行层面的一种创新型的商业模式，更侧重于工具性，无论社会主义还是资本主义都可以用，目的就是实现商业利润。当然，它客观上起到了节约资源的作用，譬如 UBER 等打车行业，就避免了更多的资源浪费和大气污染，促动了绿色经济和“智慧出行”。同时，不可否认，“共享经济”在一定程度上也体现了共享的文化和价值观，将拥有产品的“所有权价值”变为拥有产品的“使用价值”，重塑了社会关系结构。多数人都有一些闲置资源，假如能够将这些资源有偿让渡予他人，个体就摆脱了对传统中介组织的依赖，改变了以前的生产制造协同关系，丰富公共资源，提升社会效率。信任是共享经济的核心，体现着从排他式发展向包容性发展的转变。

最后，共享发展不等于分配关系的“共享经济”。这种观点也称为中国特色共享经济，认为共享经济是发展成果归全民所有的经济关系。它区别于平均主义、改善民生和商业运行模式，是建立在社会主义生产资料所有制基础上的共同富裕。很显然，中国特色“共享经济”与共享发展有很多联系，有共同的制度属性、共同的所有制基础、共同的发展目标、共同的主体，甚至有一些共同的理论渊源、价值取向。但是，二者还是有区别的，中国特色“共享经济”主要针对的是经济学领域的分配关系，共享发展的内涵和外延要更广一些，不仅包括经济领域的共享，而且包括政治领域、社会领域、文化领域和生态领域的共享，具有更强的包容性，同时也居于国家战略层面的更高层次。

二、共享的内涵——“正和非零”分享

共享发展主要解决社会公平正义问题，正如恩格斯所言，共享就是要“结束牺牲一些人的利益来满足另一些人的需要的状况……所有人共

同享受大家创造出来的福利”[①]。共享是全体人民的利益共享，不是简单的分享，更不是独享、均享和坐享，而是全体人民在共建基础上具有公正内涵与合理差异的“正和非零”分享。

（一）共享不是独享——公正共享

共享即分享，但不是简单的分享。在西方，一般认为共享就是分享，强调人人有份儿。实际上，共享和分享是有一定差别的。分享只关注每个人是否得到这个结果，并不关注分配过程的公正与否和结果的合理与否，即便是某一人占了99%，其余所有人分享1%也无人关注。共享在关注普遍受益的同时更强调平等性。共享不是独享。这与社会制度和生产资料所有制密切相关。共享关注的是全体人民的利益，不是个别人、某些阶层或团体的利益。资本主义生产资料私有制决定了其只能是少数垄断集团的“独享”。社会主义生产资料公有制奠定了发展成果全民共享的基础。列宁在《告贫苦农民》中指出：“我们要争取新的、更好的社会制度……共同劳动的成果不应该归一小撮富人享受，应该归全体劳动者享受。”[②] 成果如何共享牵涉到共享的规则问题。社会主义制度属性决定了共享的公平正义性。在剥削社会，少数人侵占多数人的利益是常态；在社会主义社会，绝不允许一部分人为了谋取自身利益而损害另一部分人的利益，更不允许为了极少数人的利益而去损害绝大多数人的利益，这也是由执政的中国共产党的性质和宗旨决定的，是中国共产党的“初心”所在。

（二）共享不是均享——差异共享

共享绝非平均的、无差别的、等份额的分享，而是基于权利平等基

① 《马克思恩格斯文集》第1卷，人民出版社2009年版，第689页。

② 列宁：《论社会主义》，载《列宁专题文集》，人民出版社2009年版，第381页。

础上的利益分享。均享强调数量的均等，共享注重意义的公正。共享发展成果，是人民的一项基本生存权和发展权，权利面前人人平等。共享不是走“平均主义”的回头路。平均主义“大锅饭”是“干得少与不干者”对“干得多者”的相对剥夺，是对公平正义的最大践踏，是违背社会主义发展规律的。邓小平指出：“改革首先要打破平均主义，打破‘大锅饭’，现在看来这个路子是对的。”[①] 共享不是平均主义，但平均主义也是一种共享，是生产力和生产关系不相适应的“共享”。改革本身就是打破“旧的共享”、建立“新的共享”的过程。合理的差异是保持社会活力和调动社会成员积极性的必要条件，“先富论”的制度安排和非均衡发展战略有利于发展生产力并做大“蛋糕”。没有差异性，搞“清一色”，社会一潭死水，很难发展；允许一定程度的差异存在，在一定阶段是社会发展的“源头活水”。共享的实现必须以生产力和生产关系相适应为前提，社会主义初级阶段的生产力发展水平决定了现阶段的共享只能是低水平、不均衡的共享。在承认共享差异性的同时，要确保差距不能超出“合理”的限度，否则改革就走上了“改旗易帜”的邪路。

（三）共享不是坐享——共建共享

共享具有四个层面的前提：一是制度前提，共享是生产力和生产关系的统一，共享以社会主义为制度保障；二是基本前提，共享是建立在社会生产基础上的，要共享就必须大力发展社会生产力，否则，共享就只能是“空想”；三是必要前提，共享必须以承认合理范围的差异性为前提，这影响着共享的方向；四是重要前提，共享的前提是全体人民的共同创造，关系着社会财富的积累和劳动者的“体面”与“尊严”。共享是共建中的共享，人民集共享的实践主体和价值主体于一身，共享的

① 《邓小平文选》第 3 卷，人民出版社 1993 年版，第 155 页。

权利和共建的义务二者相辅相成。人民群众不仅追求分享利益的“获得感”，也十分看重创造成果的“尊严感”和“荣誉感”。正如美国经济学家吉利斯所言：“经济发展的关键因素，是人民必须是这一过程的主要参与者，这样才能带来结构的诸多变化。参与发展过程，意味着享受发展带来的利益，并且参与这些利益的生产过程。”[①] 共享不仅是结果的共享，也是劳动过程的共享，中国目前不可能建立起与一些欧洲国家媲美的社会保障体系，一方面是经济能力和水平决定的，另一方面是不能“养懒”，培养新的寄生群体“坐享其成”。共享不是“零和博弈”，即一部分人利益的获得建立在另一部分人利益的损失之上，而是要达到“帕累托最优”。需要指出的是，共享是对公共财富的分享，而不是通过对“先富者”财富的瓜分进行“劫富济贫”，更不是让“一部分社会成员来养活另一部分社会成员”。对弱势群体进行“输血”，主要依靠的是政府转移支付和社会再分配，目的是使弱势群体恢复“造血”功能，恢复他们为社会作贡献的能力。就共享的社会基点来讲，共享并不着眼于某一特定阶层或群体的利益，不是单一的“扶贫济弱”，而是致力于各个阶层、各个群体的利益最大化，是全体社会成员利益整体提升的“正和非零”分享。

三、共享发展的特征

共享不仅是新的发展理念，也是建立在一定经济社会结构和生产方式、分配方式之上的价值观，是一个动态的、逐步发展的过程，具有包容性、公正性和渐进性的特征。

---

① ［美］吉利斯、波金斯、罗默、斯诺德格拉斯：《发展经济学》，中国人民大学出版社1998年版，第7页。

（一）共享发展的包容性

共享发展坚持以人民为中心。共享发展汲取先进发展观的有益经验，具有包容性的特征，具体体现在共享的主体、客体和价值目标三个方面。

1. 共享主体的包容性

共享是全体人民的共享，“人民”这个概念既是抽象的、整体的，也是历史的、具体的。唯物史观认为，人民是历史的创造者。毛泽东曾经指出，“人民”的概念在不同的国家、不同的历史时期有着不同的内涵和外延。新中国成立初期，一切“拥护和支持社会主义事业的劳动者”都属于人民的范畴。在改革开放的新的历史时期，人民的范畴发展为“拥护社会主义和祖国统一”的全体社会主义劳动者。在市场经济背景下，面对自由职业者、私营企业主、民营科技的技术人员和创业人员、中介组织从业人员等六个新的社会阶层的出现，党提出了“有中国特色社会主义事业的建设者”的概念，工人、农民、知识分子、干部、解放军指战员和新的社会阶层都属于“最广大人民群众”的范畴，这和“工人阶级的先锋队、中国人民和中华民族的先锋队”的性质是根本一致的。科学发展观强调，以人为本的“人”指的就是包括社会各阶层在内的广大人民群众，就是指全体社会成员。并且从整体性和个体性相统一的角度指出，以人为本既是以全体社会成员的利益为本，也是以“单个人”的利益为本。党的十八大以来，习近平提出了“中国梦”的宏伟目标，指出“每个人”都有人生出彩的机会，全面建成小康社会“一个都不能少”，一个群体、一个民族、一个区域都不能少。

由此可以分析得出，共享的主体蕴含着个人层面的共享、阶层之间的共享和区域之间的共享；从可持续发展的角度，包含着“代内”和“代际”的跨代共享；从拓展的层面，共享还是全球华人的共享，是国家之间的国际共享。第一，个人层面——公民自身价值的实现。共享主体的个人层面，指单个的、具体的、个性意义上的“现实的个人”，是个体认知、个人能力和个性需求的统一体。国家的发展进步最终落脚于实现每个公民的人生价值，共享立足于每个公民自身利益和价值的实现，不分性别、民族、阶层、区域、文化程度、宗教信仰等，每个人平等享有基本的经济、政治、文化权利，每个人平等享有实现理想与人生出彩的机会，是共享政治发展成果的体现。基于可持续发展的意义，共享蕴含着代内共享和代际共享两个层面。第二，社会层面——阶层之间的和谐融通。从社会角度讲，人不是抽象的存在物，而是各种社会关系的总和，每个人处于一定的社会阶层或群体，阶层共享体现为各个阶层之间和谐融通、共同发展，而不是阶层固化、壁垒森严。弱势群体处于社会的底层，缺少利益表达和改变自身命运的机会，近年来频频发生的群体性事件，就反映了弱势群体权利意识和诉求上升与社会参与和表达渠道不畅通之间的矛盾。坚持共享原则，可以有效化解社会矛盾、减少社会冲突、促进社会和谐，构建稳定的社会结构，这也是共享社会发展成果的具体体现。第三，国家层面——民族区域共享。中国是一个多民族国家。由于历史、文化等的差异，中国地区发展很不均衡，少数民族的聚居地区（尤其是一些边疆地区）的发展，远远落后于东部沿海地区的发展。经济发展的差距导致一些少数民族有逐步被边缘化的趋势，文化发展的差距有可能在冲击大一统政治认同的同时，强化民族宗教的认同。地区差距、民族差距与宗教矛盾交织，再加上其他因素的影响，边疆地区时有民族矛盾、暴力冲突等影响和谐稳定的事件发生，在一定程度上对国家的统一和民族的团结构成了挑战。要促进各地区协调发展、各民族共同繁荣，必须让各民族各地区平衡发展、共享发展成果，这也是实现“中国梦”的必然要求。第四，拓展层面——全球华人共享和国际共享。从拓宽共享的外延来看，共享还是全球华人的共享，是与世界各国共享发展机会的国际共享。全球华人都是血脉相连的炎黄子孙，同根同宗同祖，从实现祖国统一、推动民族复兴的角度来讲，全球华人有共同的梦想、利益和期待。推动中华文化的复兴也是共享发展的关键一环。讲好中国故事，传播中国文化，推动中华文化的创造性转化和创新型发展，有助于确立新时期中华民族可以共享的精神信仰和文化认同，有助于确立中国在国际上的话语权。当然，追求中华民族的复兴并非为了谋求世界霸权，而是秉持“天下为公”的理念和构建人类命运共同体的思想，在为世界作出更大贡献的同时推进国际合作，在与世界各国共享发展机会的同时实现各自的国家利益。

2. 共享客体的包容性

（1）共享的客体是“改革发展成果”，既包括经济发展的物质成果，也包括政治、社会、文化权利等非物质成果。共享不仅着眼人民生活水平的提高和民生的改善，而且关注人民群众思想道德和文化素质的提升，关注人民的广泛政治参与。正如阿玛蒂亚·森在《以自由看待发展》一书中所指出的，自由作为发展的目标，包括“基本的可行能力”和各种政治权益。具体来看，共享包括多个方面：一是经济发展成果的共享。物质资料生产是人类一切生存和发展的前提，因此经济发展成果的共享是最基本、最重要的内容。但是，需要摒弃把共享的内容直接等同于“经济的、物质性的发展成果”的观点。这种观点在理论上是片面的，在实践中也容易把人民的其他权利架空，陷入“单边物质倾向”和“物化困境”。二是非物质成果的共享。政治发展成果的共享，主要指维护宪法的神圣权威，确保人民当家做主的地位，保障人民的各项合法权益，推进社会民主化进程，让广大人民群众在社会主义政治文明的发展进步中，切身体会到共享发展的社会主义政治优势。文化发展成果的共享，主要指在社会主义核心价值观的引领下，推进公共文化产品的均等化，满足人民群众不断提升的文化需要和精神追求，合理分享先进文化产品。社会发展成果的共享，主要指坚持民生导向，着力解决单一滞后的民生供给与人民群众日益上升的多元化的民生诉求之间的矛盾，通过缩小收入差距、完善社会保障、推进精准扶贫、增加公共服务供给等举措，补齐“民生短板”，调适公众心理，构建和谐社会。生态发展成果的共享，主要指按照资源节约、环境友好型社会的建设要求，完善生态文明建设制度体系，为民众提供更多更优质的生态公共产品，转变经济发展和资源利用方式，加强对污染的重点治理，改善环境质量，共享美丽中国，增进共享发展的生态认同。归根结底，是要增加民众的“获得感”和“幸福感”，提升民众的幸福指数。

（2）共享的重要领域是公共产品和公共服务。共享不是对私人财产和私有产品的分享，而是通过一系列的公共政策让民众享受到大体均等的公共产品和公共服务。奥雷利欧·佩西指出：“社会必须努力使这个体系能够提供所有利益——包括商品和公用事业——真正能够被所有的人分享和支配。只有这样才能保证每一个人都有一个公平合理的自己达到希望的机会。”①公共产品是相对于私有产品而言的，依据萨缪尔森对公共产品的经典定义，公共产品是全体社会成员可以享用的，并且每个人对该产品的消费都不会影响其他人对该产品的消费，著名的“灯塔理论”就是最通俗的阐释。公共产品涵盖人民生活的诸多领域，譬如国防、公共安全、环境治理。准公共产品指具有不完全非竞争性和非排他性的产品与服务，也称混合品。一类是兼具非竞争性和排他性的，例如公园的消费、高速公路的收费等；另一类是兼具非排他性和竞争性的，例如社区的公共设施、公有的草场森林等。公共产品共享具有地区差异性，譬如公共交通领域，北京等发达城市由于有当地政府的高额补贴，民众可以以极低的费用乘坐交通工具；而在经济欠发达城市，民众的交通费用反而比发达城市还要高。在基础教育领域，农村的基础教育全部由政府来提供，在城市各种高收费的私立小学和初中大量出现，这主要由私人供给。

从对社会的正、负外部性效用来看，公共产品有广义和狭义之分。

① ［意］奥雷利欧·佩西：《人类的素质》，薛荣久译，中国展望出版社 1988 年版，第 153 页。

狭义的公共产品主要指只具有正外部效用的公共产品，或者称为“公益品”。广义的公共产品则包含“公益品”和“公害品”或“公劣品”两部分。“公害品”或“公劣品”指向一个群体强加成本的公共产品，譬如使用化学产品、能源产品和汽车而导致的环境污染，雾霾一度成为困扰全国大部分城市居民的“头号烦恼”，一些市民出行不得不佩戴口罩，有的中小学校由于重度雾霾天气不得不停课，还有个别车辆由于可见度低发生连环相撞的情况。此外，由于政府相关部门监管不严而提供的劣质公共服务——毒疫苗流向市场，给许多儿童和家庭造成无可挽回的损失。因此公共产品的共享主要是从狭义的概念上讲的，“公害品”是不在共享范围之内的。

此外，公共产品的供给主体也具有包容性。公共产品的供给者并不是只有政府一家，市场也可以通过资源的高效配置提供公共产品。随着中国逐步进入老龄化社会，养老问题日益凸显，受传统文化和观念的影响，之前的养老主要由公民自己解决，新发展阶段人口的结构性矛盾突出，“少子化”与“老龄化”问题同时凸显，出现了一对小夫妻要养 4 位乃至更多老人的“困境”。如果养老问题由政府、社会和市场共同解决，就具有了公共性。

3. 共享价值目标的包容性

（1）共享发展是以人民为中心的发展，不是“富者越富，贫者越贫”的两极分化式的发展，而是“亲贫式”的有情的发展。第一，这是由无产阶级政党的性质和宗旨决定的。无产阶级政党以解放全人类为己任，以实现、维护和发展绝大多数人的利益为最高理想，同“传统的所有制和思想观念”实行最彻底的决裂，消除一切不平等的社会关系，实现生产资料和社会财富的全民共享。第二，这是由社会主义和资本主义的本质区别所决定的。资本主义和社会主义的区别体现在生产资料所有制、政治制度、分配制度和文化差异等诸多方面，但是最本质、最核心的区别在于是坚持以资本为中心还是坚持以人民群众为中心，是为了谋求极少数人的利益还是为了实现绝大多数人的利益。这是两种明显不同的价值取向和发展思路。资本主义社会通过牺牲底层劳动者和大多数人的利益获取最高限度的剩余价值，将“新自由主义”奉为圭臬，崇尚资本主权和市场效率，使少部分人的财富“滚雪球”式地不断增加，多数人陷入贫困的恶性循环。社会主义社会以“所有人的富裕”为目的，“少数人富起来，大多数人穷”不符合社会主义的本质。第三，这是由发展的人本性和科学性所决定的。共享发展既不是为“少数人的利益”而发展，也不是“为了发展而发展”，而是确保生产力发展的成果公平分配到人民手中，确保底层民众和弱势群体的利益得到保障，将底线思维、担当精神和为民情怀融入发展的过程中，促进发展的协调性、平衡性、包容性和可持续性，使发展从传统的“以物为本”的无情发展，转向“以人为本”的温情发展，实现人本性和科学性的统一。

（2）共享发展汲取了先进发展观的有益内核，不单单关注经济发展，而是将促进人民根本利益的实现和推动人的全面发展作为发展的价值取向，符合经济社会发展与人的发展相互促进规律，是合规律性与合目的性的统一。“二战”后，世界范围内的发展观经历了从“以物为中心”向“以人为中心”的逐步嬗变，共享发展认真分析了“先增长后分配”模式和“拉美陷阱”的教训，汲取了可持续发展观、综合发展观和以人为中心的发展观的精华，得出必须坚持人的发展、经济发展和社会发展协调并进的结论。人的发展和社会发展是辩证统一的，没有社会的全面发展，就不可能有人的全面发展。唯物主义历史观认为，社会发展的最根本目的就是要实现每个人的自由发展，这是一切人的自由发展的条件。马克思在对“未来社会”的设想中将每个人的自由而全面发展作为共产主义的终极目标。在现实中，囿于生产力发展水平和自身认识水平的有限性，往往出现发展的异化现象，马克思深刻批判的“资本拜物教”和“商品拜物教”就是发展异化的突出表现。这种异化将发展的目的和发展的手段颠倒，造成了人的“单向度”和“片面性”发展，违背了人类社会发展的内在规律。共享发展果断摒弃了这种错误倾向，主张通过凝聚人民共识、集中人民智慧和激发人民群众的合力推动社会全面发展，主张发展的历史主体、实践主体和价值主体的统一，在实现人民群众共享发展成果的进程中逐步实现人的自由全面发展。

（二）共享发展的公正性

共享作为一种价值观，主要通过共同利益的推进来实现个人利益，其实质是公平正义，主要体现在制度的公正、分配的公正和代际的公正三个方面。

1. 制度的公正

马克思主义认为，共产主义是实现共享的制度前提，一切自由与平等只有在共产主义制度下才可能实现。作为共产主义初级阶段的社会主义具有制度本身的正义性。从价值立场上看，社会主义制度坚持以人民为中心，人民群众的利益是马克思主义的最高道德标尺。马克思主义从生产方式入手进行分析，认为社会的公平正义取决于生产资料的所有制。资本主义的生产资料私有制决定了其发展成果是少数人的“独享”，共产主义才有可能让所有人共享社会福利。私有制是不平等的根源，马克思在《资本论》中以铁的逻辑论证了资本主义私有制必然产生两极分化，一极是财富的积累，一极是贫困的积累。皮凯蒂在《21 世纪资本论》中，通过对 18 世纪至今 300 多年的财富分配数据进行研究分析，得出资本收益增长远远高于经济增长，社会贫富差距扩大是不可逆转的趋势的结论。因此，资本主义不可能有真正的平等，也不可能实现真正的共享。虽然资本主义空前地推动了生产力的发展，然而社会主义与资本主义的本质区别并不在于工具理性而在于价值理性，不在于是否注重发展社会生产力，而在于生产力的发展是否以牺牲绝大部分人的利益为代价、生产力发展成果的归属是否属于人民，这体现着社会制度的正义与否。罗尔斯说：“正义是社会制度的首要德行，正像真理是思想体系的首要德行一样。一种理论，无论它多么精致和简洁，只要它不真实，就必须加以拒绝或修正；同样，某些法律和制度，不管它们如何有效率和安排有序，只要它们不正义，就必须加以改造或废除。每个人都拥有一种基于正义的不可侵犯性……正义否认为了一些人分享更大利益而剥夺另一些人的自由是正当的，不承认许多人享受的较大利益能绰绰有余地补偿强加于少数人的牺牲。”[①] 共享作为社会主义的价值观，毋庸置疑具有制度上的正义性。

2. 分配的公正

共享发展体现着“坚持”按劳分配与“超越”按劳分配的统一，彰显了分配的公正性。生产力发展水平和经济社会结构决定社会主义初级阶段必须实行按劳分配原则。根据马克思在《哥达纲领批判》中对按劳分配原则的论述，社会总产品在做了六项必要的扣除之后开始进入分配领域，“每一个生产者，在做了各项扣除之后，从社会领回的，正好是他给予社会的。他给予社会的，就是他个人的劳动量”[②]。这个原则是在商品交换中也通行的原则，但它并没有超出资产阶级的框架，实质上还是一种“形式上的平等”，因为它用同一把尺子去衡量具有不同自然禀赋和家庭状况的人。人的先天禀赋千差万别，劳动又有简单劳动和复杂劳动之分，每个劳动者的家庭人口多寡也各不相同，按同一时间、同一条件下提供的劳动量或劳动效果来衡量素质不同、负担各异的人，必然会导致“事实上的不平等”，尤其是对一些先天有身体缺陷的人更是不公平。在社会主义社会，哪怕一小部分人的利益没有兼顾到，也不是真正的共享。按劳分配虽然有明显的“弊病”，但是在共产主义的第一阶段——社会主义社会，它又是最公正的分配方式。因为它与社会主义的生产力发展水平和物质生产方式相适应；它确保每个人参与社会分配机会的公平和依据劳动量进行分配原则的公平，在分配领域最大限度地体

① ［美］约翰·罗尔斯:《正义论》，何怀宏等译，中国社会科学出版社 2009 年版，第 4 页。

② 《马克思恩格斯文集》第 3 卷，人民出版社 2009 年版，第 434 页。

现了社会主义制度的正义性。在社会主义社会，按劳分配具有天然的正当性。在初次分配中，务必坚持“按贡献大小”进行分配；初次分配之后，为了求得利益的平衡与社会的团结，有必要从社会整体利益的角度出发进行再分配。随着分配制度的调整和变迁，生产要素被引入分配机制，劳动在财富生产和分配中有逐步弱化的趋势，这势必导致不占有资本和权利的“草根”阶层与普通民众在分配中处于劣势地位，具有“相对剥夺感”，甚至产生代际复制。借鉴罗尔斯的“差别原则”，考虑“最少受惠者的最大利益”，共享发展十分注重按劳分配之外的二次分配和三次分配。初次分配引入市场机制势必会造成收入差距；二次分配通过累进所得税、政府的转移支付和社会保障等对一次分配形成的差距进行有效调节；三次分配又称道德分配，通过动员民间资源，鼓励富人“富而有为”，逐步健全慈善捐赠、志愿服务和社会救助等体制机制。社会保障是一种依照国家法律制度必须执行的“强制性”共享，相对而言，慈善事业则是一种“自愿性”共享，捐赠与否完全依据个人意愿，是捐赠者和受助者的共享。共享发展主张通过推进教育公平提升低收入者的生产能力；建立并完善财富统计制度，合适的时候可以考虑开征财产税；调高个税征收起点，壮大中产阶层。鼓励并倡导富人回报社会，通过捐赠等方式帮助贫困阶层，以《中华人民共和国慈善法》规范慈善活动，使慈善理念更为成熟、慈善机制更加健全、慈善激励效应更加充分、慈善监督机制更加完善，逐步打开第三次分配的格局。马克思指出：“只要与生产方式相适应，相一致，就是正义的；只要与生产方式相矛盾，就是非正义的。”[①]在社会急剧转型期，确立公平、公正、共享的分配原则有利于处理效率与公平、个人利益与社会利益的关系，有利于生产力发展和社会全面发展。

---

① 《马克思恩格斯文集》第 7 卷，人民出版社 2009 年版，第 379 页。

3. 代际的公正

代际公正的内涵源于生态文明的可持续发展理念。共享包含横向的代内共享和纵向的代际共享，内在地蕴含着公平正义原则。代内共享的公正指所有公民都天然享有一切平等自由权利，体现着社会的公正；同时全体公民有义务承担对社会和国家发展的责任。社会公正就是全体公民平等享有国家和社会提供给个人的资源，“得所应得”。公民从出生开始，就平等享有生存权、教育权和社会保障权，这是最基本的“先赋性”权利。公民拥有机会平等的权利，每个具有大致相等的能力和相同意愿的人，应该具有大体相当的发展前景。这一点在教育和就业领域表现得尤为明显。同时，个体作为国家和社会的一分子，有义务参与成果的创造过程，有责任维护社会的发展成果。代际共享的公正是指一方面当代人的发展不能以牺牲后代人的发展为代价，另一方面指当代人不能为了后代人的利益放弃正当合理的权利，牺牲当代人的生存发展权。以人与自然的关系为例，既不能为了挖掘自然界对人类的“经济价值”，而忽视自然界对人类的“环境价值”，不顾后代人的生存发展，竭泽而渔；也不能机械地为了维护后代人的利益，只保护不开发，损害当代人的生存权和发展权。这不仅不符合正义优先原则，更重要的是与社会主义以人为本的核心理念相违背。

（三）共享发展的渐进性

共享不是静态的、一蹴而就的，而是动态的、逐步发展的历史过程。共享发展的渐进性主要体现在共享水平的提高和共享目标的实现。

1. 共享是有限的共享

经济社会的共享不同于对自然的共享，对阳光雨露的共享是无限的共享，对发展成果的共享是有限的共享，正如马克思所说的：“权利决不能超出社会的经济结构以及由经济结构制约的社会的文化发展。”[①] 共享不仅是一种道德追求，也是发展的现实路径，理想和现实之间会存在一定的张力。正如共同富裕不是同时富裕、同等富裕、同步富裕一样，共享也不可能在短时间内让全体人民在同一时间点享受像瑞典一样“从摇篮到坟墓”的高福利，只能在既定的生产力发展水平和经济社会条件下享受“有限”的共享。当然，随着生产力的发展，人们共享的范围、水平、广度和深度都会随之提升。坚持共享发展的同时，政府有必要合理引导公众的预期，既要“尽力而为”，更要“量力而行”，不能把公众的胃口吊得过高。如果政府总是一味地“画饼”而不能兑现，民众就会产生落差感和失落感，政府的公信力也会受损，有可能陷入“塔西佗陷阱”（古罗马著名的历史学家塔西佗认为，当政府丧失公信力的时候，无论说什么样的话、做什么样的事，民众都会予以消极回应和负面评价）。如果陷入此陷阱，在政策的贯彻落实过程中就会出现“肠梗阻”，不利于打通“最后一公里”。

2. 共享具有层次性

根据马斯洛的需求层次理论，人们的需求是依次递增的。基于人们需求的层次性，共享也可以分为基础型共享和发展型共享。基础型共享是低水平的共享，是人们对维持生存所必需的刚性需求的共享；发展型共享是较高水平的共享，一般指对享受需求的共享，因每个人的经济条件各有差异。政府有责任保障公民的生存权，确保公民解决温饱问题，有饭吃，有衣穿，有权利享受基本的义务教育，但是政府没有义务给每个公民提供海鲜、珠宝和皮草这种属于享受型的需求。交通出行方面，经济条件一般的公民可乘坐普通列车，经济条件较好的公民可以乘坐高铁、飞机，甚至拥有私人飞机。共享水平的提高受经济发展程度的制约，是一个渐进过程。在基础型共享方面应力求平等，在发展型共享方

---

① 《马克思恩格斯文集》第 3 卷，人民出版社 2009 年版，第 435 页。

面应保持差异，不断拓宽基础型共享的范围，譬如九年义务教育可以逐步扩展到十一年，不断拓展发展型共享的人群，从基础型共享向发展型共享的过渡也是一个渐进的过程。除此之外，针对在社会转型和政策偏向中由于利益受损而处于不利地位的群体，要通过公共政策的调节进行“补短板”，这是实现补偿性共享的一项重要工作，也是从差异共享向均衡共享的过渡。

3. 共享目标的实现是一个渐进的过程

共享的最终目标是逐步实现共同富裕。共同富裕也可以理解为最高水平的共享，不是短时间内就能达到的。为了更好地、有步骤、有层次地实现共同富裕，可以采取阶段性的发展战略，制定共享的中长期目标，使中等收入者成为社会的主体。“橄榄型”的社会是最稳定的社会。从经济角度看，高收入者呈现需求饱和与消费意愿不足的状况，低收入者囿于收入水平消费能力较低，中等收入者既有消费需求又有支付能力，在经济上会成为促进消费和扩大内需的主体；从政治角度看，中等收入者在政治上会弱化两极分化的阶层结构，成为促进社会和谐稳定的“缓冲带”和“稳定器”；从文化角度看，中等收入者普遍受过良好的教育，也会成为文化传承的主要力量。中等收入群体不断壮大，相应地会使金字塔底部的贫困人口减少，打破“精英”与“大众”相对峙的局面，不断趋近共同富裕的最终目标。

四、共享的时代价值

共享是共建共享、公正共享和全民共享、全面共享，在全面深化改革、中国共产党长期执政以及社会主义本质的体现方面都彰显着重大的时代价值。

（一）共享发展有助于推动“四个有利于”的改革

2016 年 12 月 5 日，习近平在中央全面深化改革第三十次会议上指出：“多推有利于增添经济发展动力的改革，多推有利于增强社会公平正义的改革，多推有利于增强人民群众获得感的改革，多推有利于调动广大干部群众积极性的改革。”习近平提出的这“四个有利于”，为全面深化改革指明了发展方向，提供了价值指引。共享发展是对利益关系的调整，是一场打破“旧的共享”、建立“新的共享”的改革。共享发展坚持把增进人民福祉作为改革发展的根本目的，把依靠人民群众作为改革发展的根本动力，把实现人民的共同富裕作为改革发展的根本目标，集中体现了“四个有利于”的根本要求。

1. 共享发展有利于增添经济发展动力

第一，共享与改革发展的主体一致。从改革发展的动力来看，社会基本矛盾是驱动改革发展的根本动力，增进人民利益是改革发展的内生动力，改革发展是打破旧的“局部的共享”、确立新的“全民的共享”的过程。共享发展具有全民性，改革发展具有人民本位性。习近平同志指出：“没有人民群众的参与，任何改革都不可能取得成功。”[①] 共享发展坚持“人人参与”，尊重人民群众的首创精神，为经济发展提供持续动力。第二，共享以共建为前提。经济基础决定上层建筑，丰厚的社会财富是共享的物质前提。共享发展坚持“人人尽力”，充分尊重人民群众的主观能动性和丰富创造性，激励人民积极创造社会财富。第三，共享可以不断创造新的、更高层次的物质文化需要。在经济新常态下，要确保经济“双中高”，必须贯彻供给侧结构性改革的思路，从人民群众的需求出发，从供给侧发力，以前瞻性的眼光打造更具科技含量、更有环保价值、更符合人民需求的中高端产品。这将为我国经济社会发展提出新的更高的目标和要求，推动产业升级和经济社会发展跨入新的阶段。

---

① 《习近平谈治国理政》，外文出版社 2014 年版，第 9 页。

第四，共享可以提升改革发展的效率。改革是对利益格局的调整，会触碰一些人的“奶酪”，也会对一些人进行补偿，既有得利群体，也有利益相对受损群体。利益分配的相对失衡，可能会使部分群众产生懈怠和抵触情绪，建立在公正共享基础上的利益协调机制可以缓和利益矛盾，成为改革发展的“润滑剂”。公正的社会环境与制度环境，有利于形成改革发展的动力机制和激励机制，促使“草根”阶层冲破传统的二元体制，拥有平等就业的机会，参与“大众创业，万众创新”，在为经济发展增添新动能的同时，实现个人价值并打通阶层上升的通道，为全面深化改革和经济发展提供可持续发展的动力。

2. 共享发展有利于增强社会公平正义

公平正义是共享发展最鲜明的立场和价值取向，习近平指出：“公平正义是中国特色社会主义的内在要求，是我们党追求的一个非常崇高的价值目标。”共享发展的实质是公平正义，人民群众共享发展成果是公平正义的重要价值取向。第一，从共享发展的前提性价值来看，共享不是独享，关注的不是少数个人、阶层或团体的利益，而是关注全体人民的利益。根据马克思主义基本原理，发展生产力是共享的必要前提，发展本身就意味着公平正义程度的不断提升，因为发展具有“扩散效应”，可以减少不平等、贫困和失业等有违公平正义的现象。第二，从共享的过程性价值来看，共享发展的过程就是不断实现公平正义的过程。我国现阶段存在的有悖于公平正义的问题，很多是现代化发展过程中所不可避免的，仍然需要通过发展来解决。共享发展就是要让全体社会成员能够合理而平等地享受社会的经济利益、政治利益、文化利益、社会利益、生态利益，不断减少发展中的权利不平等、机会不平等、规则不平等和分配不平等问题，不断降低贫富差距、促进社会和谐、维护公平正义。

3. 共享发展有利于增强人民群众获得感

共享是利益的分享，“获得感”是人民群众在利益得到满足之后的愉悦感和幸福感，是共享发展的落脚点。第一，人民群众的获得感源于共享内容的全面性。人民需要的全面性决定了共享内容的全面性，其中物质生活的改善是广大群众最基本的诉求。根据马斯洛的需求层次理论，人的需求是依次递增的，除了生理需求、安全需求的基础需求外，还有社交需求、被尊重的需求和自我价值实现的高级需求。共享发展不仅确保满足人民的基础需求，还致力于不断满足人民的文化权益、政治权益等高级需求。第二，人民群众的获得感源于共享的民生指向。民生是人民获得感的主要方面，也是共享发展的重点。“民之所呼，政之所向。”共享的全民性、全面性、公正性与民生指向的普惠性、多元性、亲贫性充分契合，民生“短板”是人民群众热切诉求的焦点，更是落实共享发展的着力点。共享发展要着眼于改善民生的纵向差距和横向差距，针对发展成果流动的偏好惯性，打破阻碍发展成果共享的传统壁垒，通过缩小收入差距、推进教育公平、完善社会保障、推进健康中国、促进就业创业等一系列根本性举措，提升人民群众的获得感和幸福指数。

4. 共享发展有利于调动广大干部群众积极性

习近平指出:“人民是历史的创造者，群众是真正的英雄。”[①] 共享发展坚持把依靠人民群众作为促进发展的根本动力。第一，共享发展依靠广大干部群众积极性的发挥。共享不是要培养新的寄生群体“坐享其成”，而是依托一定的制度安排对社会公共财富进行分享。物质资料生产是一切实践活动的出发点，做大“蛋糕”是首要的任务，在经济新常态下更需要从群众中汲取智慧和力量，需要人民群众投入更多的热情、精力和汗水，齐心协力把社会财富的“蛋糕”做大做好。同时，政府是共享发展一系列社会政策的制定者和实施者，广大干部是政策的落实和执行者。只有充分调动广大干部的积极能动性，才能防止政策的“肠梗阻”，做好共享发展从“顶层设计”到“最后一公里”的落地工作。第二，共享发展

① 《十八大以来重要文献选编》上，人民出版社 2014 年版，第 70 页。

能够调动人民群众的积极性。共享发展特别强调分配的公正，使物质财富、社会资源和社会价值在社会成员和社会各个阶层之间进行合理配置，使每个人“得所当得”“物不平则鸣。”公正的分配可以使人民群众心情舒畅，从内心深处激发促进社会的决心、信心和恒心；公正的分配必然会逐步打破各类“垄断”，营造风清气正的社会环境和政治生态，使公民和各类市场主体有平等的市场准入权利，积极主动投入经济社会发展中。

（二）共享发展是中国共产党长期执政的保证

中国共产党能够成为执政党，是中国社会历史发展内在逻辑决定的；中国共产党要长期执政，就必须始终不渝地遵循执政为民的宗旨，不断巩固和拓展执政的合法性资源。中国共产党要获得人民群众长期的支持和拥戴，就必须确保发展成果由人民群众共享，使广大人民群众真正获实惠、得好处。党“长期执政”是一个科学的理论体系，包含长期执政的理念、基础、方略、体制、方式、资源和环境等多方面内容。从共享的角度考量，共享有利于巩固中国共产党执政合法性的现实基础，有利于扩大党长期执政的合法性资源，拓展党长期执政的民心资源和社会资源，是中国共产党长期执政的保证。

“合法性”是政党政治学的一个重要概念，源于英文“legitimacy”一词。政治学意义上的执政合法性不是合乎法律的状态，不是来自正式的法律和政令，而是人民群众对执政党认可、拥护与爱戴的程度。在中国这样的社会主义国家里，党执政的合法性主要通过民众对于现存政治秩序的认同、支持和拥护来体现。政党执政的合法性基础不是一成不变的，政党执政的合法性资源也不是一劳永逸的。一个政党在不同的历史时期有着不同的合法性基础，因此明确历史定位是政党合法性建设的首要任务。中国共产党于 1949 年实现了由革命党向执政党的转变。党的第一代领导人靠流血牺牲缔造了新中国，在全国人民心中有着极高的威望。我们党在中国执政，既是人民对“打天下者坐天下”传统观念的认可，也是历史的必然。再加上新中国成立初期的领导干部大都勤政为民、廉洁奉公，党风端正，党执政的法理基础是非常牢固的。改革开放之后，世情、国情、党情都发生了变化，基于历史教训和现实国情，在经济层面巩固绩效合法性资源，成为中国共产党执政合法性建设的一个新的生长点。因为只有进一步解放和发展生产力，真正满足人民日益增长的物质文化需求，才能更加有效地巩固与维护党执政的基础。正如亨廷顿提出的“政绩合法性”观点：如果执政党能够长期满足社会成员的需要和利益，便可为执政合法性加分，否则会慢慢消耗其合法性基础。

然而历史证明，经济社会发展有其固有的发展规律，经济发展速度不可能持久地、稳定地保持在良好的水平，单单依靠经济发展作为执政合法性基础是不牢靠的，印度尼西亚苏哈托政权的解体就说明了这个问题。这种执政合法性的生成存在着一定风险，一方面经济不可能总是理想中的直线上升，另一方面急剧的经济增长往往具有双向效应，正如波兰尼所说：“在历史上存在着一种双向运动：市场的不断扩张在提高经济效率的同时也带来负面效应如环境污染、两极分化等，构成对社会的伤害。”[①] 单一地追求经济增长会陷入“物化困境”。根据社会主义的历史经验教训，社会不公平不正义绝不是一般的社会问题，会直接影响人民群众对党的信任，苏联亡党亡国的一个重要原因就是出现了特权阶层，出现了严重的利益分化。“它山之石，可以攻玉”，中国共产党要长期执政，就必须着眼于解决有违社会公平正义、危及社会和谐稳定、影响人民对党的信任度的重大问题。

因此，中国共产党要长期执政，不仅要在经济层面巩固绩效合法性资源，更要从社会公正层面拓展程序合法性资源。共享发展正是基于鲜明的“问题导向”，坚持经济效率与社会公正的统一，着眼于推进基本

① ［英］卡尔·波兰尼：《大转型，我们时代的政治与经济起源》，冯钢、刘阳译，浙江人民出版社 2007 年版，第 112 页。

公共服务均等化、实施脱贫攻坚工程、推动教育公平、健全社会保障体系、缩小收入差距、完善就业创业机制、推进健康中国建设等目标举措，以公平正义为价值取向，将人的全面发展作为经济发展的终极目的，真正做到权利公平、规则公平和结果公平，促进社会和谐稳定、人民幸福安康，不断稳固和扩大政党执政的绩效合法资源，不断赢得民众的认可、信任和支持，使发展成果更多更公平惠及全体人民。

（三）共享发展是社会主义本质和优越性的重要体现

首先，从生产力与生产关系相统一的角度看，共享体现着社会主义的本质。邓小平曾对社会主义本质作过经典的概括，一般被称为“三级本质”论或者“三层次”观，体现了生产力、生产关系与根本目的的统一。社会主义本质是一个复合结构，生产力居于基础性地位，生产关系的性质起着关键性作用，共享体现着二者的统一。马克思主义认为，不断提高和发展的生产力是共享发展的物质前提，多样性结构的社会生产力创造出丰富的物质文化成果，为共享的全面性奠定了基础。物质生产力为物质财富的共享提供了源泉，文化生产力为精神财富的共享提供了源泉，生态生产力为绿色文明的共享提供了源泉。毋庸置疑，生产力的发展是共享的基础性因素，但是物质文化成果能否共享，取决于生产关系的性质，社会主义公有制为劳动产品共同占有和支配提供了前提，构筑了共享的基础。反过来，生产关系的性质又受到生产力发展水平的制约，共享不可能超出经济基础决定的社会文化结构。

马克思主义认为，一切社会生产既是社会财富的生产与再生产，也是社会关系的生产与再生产。共享发展不仅要关注做大“蛋糕”，而且要做到“分好蛋糕”。生产力的发展水平决定蛋糕的规模和质量，生产关系的公平性决定蛋糕分配的合理程度。认真衡量社会主义初级阶段的基本国情和当前的经济社会发展程度，共享发展的制度设计必须走“阶梯型”的发展道路：第一步通过“补短板”，保证“底线平等”；第二步使中等收入者逐步成为社会的主体；第三步达到公众享有的结果均等，最终实现共同富裕。因此，在共享的实现过程中生产力与生产关系是动态统一的，在总体生产力不断提高的过程中，人人享有的数量和质量得到逐步提升；在全体人民不断受益的过程中，共享的制度价值和社会主义的优越性得到体现。

其次，从社会主义与资本主义相比较的角度，共享体现着社会主义的本质。从社会主义的词源来看，社会主义的词根 social 出自拉丁语，本身就有共享与联合的意思。空想社会主义作家描绘的乌托邦和“太阳城”就是一个社会财富全民公有、生产与劳动人人平等的社会。科学社会主义扬弃了空想社会主义的思想，指出了实现共享的路径——“彻底消灭阶级和阶级对立；通过消除旧的分工，通过产业教育、变换工种、所有人共同享受大家创造出来的福利，通过城乡的融合，使社会全体成员的才能得到全面发展”[①]。共产主义是共享的终极性理想价值，但也不能忽视共享在每一个历史阶段的实践价值。在实现共享共富的每一个环节和步骤，都必须体现消除两极分化、实现共同富裕的价值取向。此外，共享还有助于营造互相关心帮助、大家团结奋斗的社会氛围，不仅有助于促进社会的和谐，还是一种崇高的精神价值。

社会主义是以社会为本的社会，资本主义是以资本为本的社会。资本使劳动异化，社会财富被少数人所“独享”。资本具有形式上的非正义性；资本主义制度空前的生产力发展和文明进步是建立在空前的剥削与掠夺基础之上的，是以“血和火”的文字载入人类历史的。资本主义的经济关系，造成了人和物关系、劳动和资本关系颠倒，掩盖了资本主义两极分化的剥削实质，并且造成了“见物不见人”，倚重资本、轻视劳动的社会风气，导致了人的异化。资本主义发展历史证明，资本主义制度无力解决“两极分化”和“资本异化”这两大痼疾。当今世界“贫

① 《马克思恩格斯文集》第 1 卷，人民出版社 2009 年版，第 689 页。

富两极分化”“全球南北分化”“边缘国家与核心国家的分化”，各种生态危机、能源危机、信仰危机、道德危机都凸显了人类发展的当代困境。只有摒弃排他性的“单向度”发展，推进包容性的“共享式”发展，扩展人们的经济自由和各项权利，才能为实现马克思主义“每个人的自由发展是一切人的自由发展的条件”提供各种主客观条件。

最后，从国际共同发展角度来看，共享发展倡导中国与世界各国共享发展机会、共同发展进步，体现着社会主义的本质。党的十八大以来，习近平曾 100 多次谈到“命运共同体”的理念，指出“和平、发展、公平、正义、民主、自由”是全人类的共同价值，“合作、共赢”是当今的时代潮流。中国“以和为贵”的传统文化和“天下为公”的大同理念，决定了中华民族的复兴决不是为了对外扩张、谋取世界霸权。基辛格在《论中国》中提到，邓小平坚决反对中国在世界上称霸，并指出如果中国有朝一日在世界上称霸，世界人民就应当揭露、反对并打倒它。中国是爱好和平的民族，不会踏进“修昔底德陷阱”。人类命运共同体超越国籍、种族、社会制度、意识形态等的差异，主张各国各民族休戚与共，坚持平等互信、合作共赢、包容互鉴的原则，在反对恐怖主义威胁、能源和环境治理、全球气候变暖等方面进行深度合作，在国际问题上求同存异，探索未来全球治理的模式，在共享发展机会中维护和发展各自的国家利益和民族利益。中国首倡的“一带一路”国际合作，在拓展自身发展空间的同时，也为沿线各国人民带来福祉，促进沿线各国共同发展，实现共同繁荣。孙中山先生曾说：“一旦我们革新中国的伟大目标得以完成，不但在我们的美丽的国家将会出现新纪元的曙光，整个人类也将得以共享光明的前景。”① 共享主张经济社会发展和人的发展的一致性，主张中国与世界各国共享发展机会，体现了社会主义的本质，彰显了社会主义的制度优越性。

---

①《在孙中山先生诞辰 140 周年大会上的讲话》，人民出版社 2006 年版，第 8 页。

第四章

实现共享发展面临的挑战

理论总是要回归现实。改革开放40多年来，由于历史和现实、政策和体制、观念和利益等多种原因，中国的经济发展成就与人民群众共享发展成果的程度和水平存在着不协调、不一致、不平衡的状况，主要表现为阶层之间的共享失衡、城乡之间的共享失衡、区域之间的共享失衡、行业之间的共享失衡和经济与社会发展失衡等诸多方面，为实现共享发展带来了严峻的挑战。研究共享发展的现状，找准共享失衡的原因，才能有针对性地探索共享发展的实现路径。

一、共享发展中的矛盾

现代社会呈现高度多元化与复杂性，发展中的矛盾和问题纵横交织。共享发展作为一种现实的发展理念，不可能在乌托邦中实现，必须在既定的、已经碰到的现实社会条件下展开，效率与公平的矛盾、个人与集体利益的矛盾在共享发展中呈现错综复杂的状态。

（一）效率与公平之间的矛盾

效率与公平的关系错综复杂，一度被称为经济学界的“斯芬克斯之谜”。效率主要是从经济角度讲的，公平除了经济意义外，还有伦理和政治意义。从人类历史来看，只有当效率提高到一定程度并出现了剩余产品之后，社会可用来分配的物质财富增加了，才会出现公平的问题。一般而言，随着效率的不断提高，社会的公平程度也在不断增加。资本主义社会比封建社会要公平得多，现代工业文明比传统农业文明公平得多。效率使公平立足于一定的物质基础之上，公平的最终实现以效率的提高为基础和前提。通过分配的公平，劳动以及其他生产要素在财富创造中所作的贡献得到了相应的补偿和回报，可以充分调动劳动者和要素投入者的创造积极性，促进效率的提高。但是，在实践中，效率和公平又存在着矛盾的一面。公平包含着起点公平、过程公平和结果公平三个环节，具体来看：效率与起点公平基本不存在矛盾，人们公平地占有生产资料和社会资源，具有平等的经济地位和社会政治地位，从根源上保证了效率的提高。效率与过程公平也基本不存在矛盾，不同的经济主体遵循相同的市场规则参与经济实践活动，有利于经济活动中动力机制和约束机制的形成，促进经济社会的正常运转，提高整个社会的经济效率。但是，在结果公平环节，效率与结果公平却存在着矛盾。结果公平可以从“得所应得”和“结果基本均等”两个方面理解，效率与结果公平的第一个方面并不存在着矛盾，但是效率与结果公平的第二个方面存在着矛盾，因为贡献与获得的不对称，必然导致效率的降低。效率与公平的复杂关系由此可见一斑。

在共享发展的视域中，效率与公平的矛盾主要体现为经济增长或经济效率与分配正义的矛盾。发展的过程其实就是创造社会财富、做大“蛋糕”的过程，共享的过程则是分配社会财富、分好“蛋糕”的过程，这也是经济社会发展永恒的主题。关于分配正义和经济效率的关系，主要有以下几种观点：一是新古典经济学家的观点，他们认为“不平等有利于经济效率的提高”，分配公平反而会阻碍经济效率的提升。二是福利经济学家的观点，他们认为“公平的分配有利于经济的增长”，分配的不公平会导致社会财富的“马太效应”，同样数量的钱对于富人和穷人的效用是不一样的，关注穷人收入的增加更有利于经济的发展，因此主张收入分配的均等化。三是一种调和的观点。这种观点在经济效率与分配正义之间寻求折中、妥协和共存。最具代表性的是库兹涅茨倒 U 曲线理论。这种观点认为经济增长到一定程度，分配不公会出现下降的拐点，随着经济的持续增长，分配公平最终会趋于较好的状态。不难看出，这几种观点都把经济增长与分配正义视为两个不同的目标向度，认为提高经济效率就要牺牲分配正义，保证分配正义难免损害经济效率，二者并不存在严格的正相关。“涓滴效应”理论认为，经济增长或者经济效率提升的成果会自动“涓滴”到每一个社会阶层，经济增长可以自动解决分配公正的问题。实践证明，“涓滴效应”在一定程度上是失灵的，否则就不会有贫富悬殊的问题，就不会出现在经济增长的同时，人们的相对剥夺感也在提升的状况。

分配正义和经济效率之所以产生矛盾，原因在于研究视野的局限。在传统的“增长主义”语境下，追求经济效率的目标就是为了 GDP 的提高，是单一的物质向度。然而，发展与增长是不同的。发展具有更丰富的含义，蕴含着“经济效率、分配公平、减少贫困、减少不平等”的多维向度，牵涉社会结构与国家制度多方面的变化。因此，在发展的视野下，分配正义和经济效率是可以融合的，共享正是二者的融合点。经济效率与分配正义是共享发展所追求的双重目标，使这两个目标统筹协调、相互促进是共享发展的关键所在。我们再考察下西方学者的分配正义观，罗尔斯的“公平的正义”过于理想化，不具有可操作性。诺齐克的“持有的正义”过于强调个人权利的至上性，把个人正义等同于社会正义，而且反对任何形式的国家调控，在现实中也是不可能实现的。阿玛蒂亚·森作为享誉世界的发展经济学家，代表着“穷人的良心”，他在系统考察各种分配正义观的基础上，独树一帜地提出了“能力平等原则”，力图在经济和伦理、效率和公平上进行结合与统一，认为对平等的衡量是基于基本能力的；每个人能力的提高可以有效提高其生产能力和获得收入的能力，有利于减少贫困和权利的不平等。他主张消除贫困要从尊重和维护每个人的经济权利入手，从人的存在、尊严和权利平等的伦理出发，来解决分配上的公平问题，对于减少贫困、实现共享共富具有较强的借鉴意义。

马克思主义认为，分配正义是一个具体的、历史的范畴，有什么样的生产关系就有什么样的分配关系。主张从生产关系层面探究分配不公平的原因，通过促进分配的权利公正和机会公正来解决分配不公正问题，实现所有人的共享共富。马克思主义分配公正观为正确认识和解决分配正义与经济效率的矛盾提供了方法论指导。世界上并不存在普适性的分配公正原则和模式。在我国，必须结合社会主义初级阶段的国情和现阶段社会主义市场经济发展的状况，寻求适合中国实际的分配正义原则。第一，从共享发展和分配公正的前提出发，要坚持基本权利平等原则，确保起点平等和机会平等；第二，从现阶段的生产力发展水平和共享的物质前提出发，要坚持按贡献分配原则，最大限度地促进经济效率的提高；第三，从共享关注的重点和分配公平的价值取向着眼，要坚持弱势群体救助原则；第四，要针对分配中的违法现象、腐败现象、税收“逆向调节”等现象，坚持依法分配的原则。通过这四个原则在起点、过程和结构三个环节的紧密配合，可以在提升经济效率的同时促进分配正义，在实现分配正义的过程中不损害经济效率，有效缓和或解决二者之间的矛盾，把共享发展落到实处。

（二）个人与集体利益的矛盾

马克思指出：“人们奋斗所争取的一切，都同他们的利益有关。”[①] 共

① 《马克思恩格斯全集》（第 1 卷），人民出版社 1956 年版，第 82 页。

享是全体社会成员通过国家的制度安排所进行的利益分享，在利益共享过程中处理好个人与集体利益的关系至关重要。共享在一定程度上意味着需要限制个人利益而促进他人利益，如果个人的道德修养和自身境界不高，要与他人分享成果是很难的；如果没有国家的科学严密、井然有序的强制性制度安排，一个有道德修养的人也可能选择不与他人分享劳动成果。计划经济条件下，集体主义是主流价值观，集体利益至上；社会主义市场经济条件下，尊重个人利益。这是社会发展和进步的表现。中国共产党是承认个人利益的，邓小平曾指出，对大部分群众而言必须讲物质利益，否则就是唯心论。然而，在共享的实践过程中，国家和社会承担着更重大的责任，这是落实共享的根本制度保障。共享蕴含着深刻的道德伦理，但同时也不能回避人的“利己本能”，因此在共享发展中必然存在着公德与私利、个人与集体的矛盾。

如何理解“个人”与“集体”？马克思反对从抽象的角度理解个人，他在《1844 年经济学哲学手稿》中指出，首先应当避免重新把“社会”当作抽象的东西同个人对立起来，个人是“现实的”“从事物质生产”的个人，集体并非与个人相对立的“虚构的集体”，而是真实的集体。个人与集体并非对立的，集体肯定个人的独立自由与发展。马克思尊重和维护个体利益，反对不讲个体利益的“虚构的集体”。在我国现阶段，集体利益应当表现为全体劳动者共同利益的有机统一，虽有别于但并未脱离个人利益，最终目标仍是更好地实现劳动者的个人利益。集体利益是为每一个人的利益服务的，而不是为某一个人服务的。在全面建成小康社会和共享发展的实践中，党中央强调“一个也不能少”。“一个”并非指具体的某一个人，而是指整体和群体，一个民族、一个地区、一个阶层都不能少。当然，对贫穷的个体并非撒手不管，而是要制定具体的“精准扶贫”政策去落实，靠不断完善的社会保障去“托底”。另外，在发展实践中，不仅要谨防个人利益至上的“个人主义”，还要警惕打着“集体利益”旗号的狭隘小团体主义和地方保护主义等，这些都会不同程度地损害共同的集体利益。

共享发展是社会主义的本质，集体主义是社会主义的道德要求。马克思在《神圣家族》中指出："既然正确理解的利益是整个道德的基础，那就必须使个别人的利益合于全人类的利益。"[①]"全人类的利益"也即"共同的集体利益"。可见，马克思是主张个人利益符合集体利益的，但是，这是有道德底线和情况区分的。在战争、自然灾害等"特别时期"，个人利益应无条件服从集体利益，因为此时每个人的利益都遭到共同的侵害或者威胁，个人应该拥有大局观和整体观，但同时集体必须努力避免个人做无谓的利益牺牲。在改革开放初期，邓小平提出"两个大局"的思想，给沿海地区以优惠政策使沿海地区和人民先富起来，中西部地区和人民要服从这个大局；发展起来之后，先富起来的地区和人民，要带动中西部落后地区和人民一起富裕，东部发达地区也要服从这个大局。这是典型的整体利益和局部利益、国家利益和地域利益统筹兼顾的例子。在平常时期，并不要求个人牺牲自身利益去保全集体利益，这样容易造成个人利益与集体利益对立，也可能导致少数特殊群体假借"集体利益"之名损害他人利益，共产主义从来不将"利己主义"与"自我牺牲"作为互相反对的工具。通常情况下，个人利益只需不妨碍和损害集体利益即可。当然，这是底线的要求。集体主义是包含公私兼顾、先公后私和无私奉献三个层次的，共享伦理作为一种利益的平衡，个人可以自主决定是否愿意奉献社会，只有不附加任何外在力量的奉献才是道德的真谛。

在强调集体利益高于个人利益的同时，必须尊重和维护个人利益。长期以来，我国受"左"倾思想的影响，一味强调个人利益的无条件服从，淡化其独立性，甚至把它等同于个人主义加以反对。实质上，只有个人利益得到最大限度的肯定和实现，才能推动集体利益的发展，否

① 《马克思恩格斯全集》第 2 卷，人民出版社 1957 年版，第 167 页。

则，集体利益只是一具“空壳”。我国非常重视保障个人利益，在2004年的宪法修正案中明文规定公民的“私有财产权和继承权”受法律保护。通常情况下，社会主义市场经济最注重个体利益的保护，把个人利益区别于价值形态，在经济形态中“个人利益”与“集体利益”是同等的。个人利益需要做出必要牺牲的时候，一方面必须通过集体和个人的平等协商，另一方面要坚持“合理的利益补偿原则”，做“有条件的牺牲”，这是符合共享发展的本质和市场经济内在要求的。譬如：政府在进行拆迁、征用土地、整体搬迁等工作时，必须坚持事前协商、事中调节和事后补偿的原则，非法强制拆迁和征用土地，不仅损害群众切身利益，而且有可能酿成群体性事件，影响党和政府的公信力，威胁社会的和谐稳定，损害公众的集体利益。在国民收入分配格局中，存在着“两个比重”偏低的问题，“十三五”规划和“十四五”规划都特别提出了“两个增长”即居民收入增长与经济增长基本同步，劳动报酬提高与劳动生产率提高基本同步，切实让人民分享到经济发展的成果。党的二十大报告强调：“努力提高居民收入在国民收入分配中的比重，提高劳动报酬在初次分配中的比重。”①

二、共享发展的现状

改革开放40多年来，中国的经济发展取得了巨大成就，但是同时也出现了“发展性失衡”的问题。专家指出中国当前存在着突出的“三维二元”问题：“三维”指城乡差距、地区差距和居民人均收入差距“三大差距”，“二元”指城乡二元、经济与社会发展二元问题。的确，由于

① 习近平：《高举中国特色社会主义伟大旗帜　为全面建设社会主义现代化国家而团结奋斗——在中国共产党第二十次全国代表大会上的报告》，人民出版社2022年版，第47页。

社会转型期的变动性、复杂性和艰巨性，我国的共享发展水平在包容度、协调度和平衡度方面都存在着不同程度的问题，阶层之间、城乡之间、地区之间、行业之间以及经济与社会发展之间，都存在着对经济成果、社会资源和公共服务共享的严重失衡，多方位的失衡纵横交织，对社会公平正义的实现提出了严峻的挑战。

（一）阶层共享失衡

马克思主义认为，阶级是在一定的生产关系中处于相同地位的人们组成的社会集团。阶层是阶级内部依据不同的社会特征所进行的进一步划分。随着经济发展与社会转型，原有的社会结构开始解体，社会不同群体的经济状况、政治诉求、文化诉求以及社会地位、社会心理都在发生明显而剧烈的分化，逐渐形成不同的社会阶层。我国社会阶层的划分目前没有统一的标准，概括起来主要有五个方面的因素：身份资源标准、权力标准、教育标准、职业标准、财富收入标准。社会阶层分化的过程也正是各种利益和社会资源在社会成员之间重新分配的过程，社会资源具有稀缺性和有用性两个特点，人们获取社会资源的机会多少和能力大小在很大程度上影响着人们的社会地位。一些掌握着资源和权力支配权的政治、经济精英在资本和利益的驱动下，形成庞大的既得利益集团，对政治、经济、文化和社会资源进行垄断，严重损害其他阶层尤其是社会弱势群体的利益，使各阶层对经济社会发展成果的共享极度失衡。

阶层经济共享失衡。有些人通过钻政策和法律的空子，“合法”借助行政力量，通过幕后交易，强制拆迁和征用土地以作商业经营，并且不给失地居民以合理补偿，造成群体性事件和社会稳定的隐患；在国企改革中，假“优化重组”“转型升级”之名，行贱卖国有资产之实，大量资金流入个人腰包，国有资产大量流失；官商勾结、官媒勾结，权力与资本联姻，利益关系错综复杂，联系之紧密，配合之默契，令人难以置信。近年来社会频频出现“仇富”“仇官”现象，即与此密切相关。

这部分人通过资源垄断、权力寻租和各类腐败损公肥私而“先富起来”，他们的奢靡消费令人咂舌。他们在海外疯狂购物被称为“行走的钱包”，有些官员携巨额公款出国豪赌，严重损害国家利益和形象；另一边收入水平较低且收入来源单一者，上不起学、看不起病、买不起房，这三者被称为新时代弱势群体的“三座大山”，贫富差距不断扩大。社会主义社会是决不允许出现“富者累巨万，而贫者食糟糠”的现象的，实现阶层的共享是社会主义的本质要求。

阶层政治共享失衡。政治领域的共享主要体现在保障每位公民具有合法权益，能够平等参与政治、表达政治诉求，真正体现人民当家做主，不断推进社会民主化的进程。阶层政治共享的实质是权利公平和机会公平，在国家政治体系中各阶层应该是平等和谐融洽的关系，不能淡化弱势群体的政治地位和利益诉求。政治是经济的集中表现，经济贫困会衍生出一系列的不平等，弱势群体无权无势，没有话语权，不受社会尊重，无缘利用新的经济机会，久而久之处于政治和社会的边缘。根据阿玛蒂亚·森的贫困理论，收入贫困只是表象，权利贫困才是本质，权利贫困主要表现在：就业权利不足、教育权利不足、公平分配权利不足、政治参与不足和利益诉求表达能力不足等。富裕阶层相对于贫困阶层，有更多的政治参与机会和更畅通的利益表达渠道。就政治参与来说，富裕阶层或权力阶层由于其自身的文化优势，以及占有的政治资源、组织资源和社会资源，能够主动地进行政治实践活动；贫困阶层的政治参与一般是被动型的，分配型或服从型政治参与，自身的政治权利不能得到有效实现，自身的政治诉求也难以有效表达。

阶层社会共享失衡。决定一个人社会地位的通常有先赋性因素（家庭背景）和后致性因素（个人努力）两个方面。当先赋性因素较强时，社会流动性就弱。当前，中国社会就存在着阶层流动越来越难、弱势阶层上升通道狭窄的状况。一定程度上出现上一代的收入差距转化为下一代的不同起点，富裕阶层的子女先天拥有比贫困阶层的子女在财富、教育、职业等方面的社会优势，底层群体向上流动的空间受到挤压。教育不公导致阶层固化，近年来寒门子弟“读书改变命运”的传统正在悄然发生变化，“上学无用论”颇有市场。重点大学农村生源比例逐年下降，工人和农民子女读一般大学，由于竞争力弱、社会关系匮乏，直接面临“毕业即失业”，而权力阶层利用占有的经济资源、社会资源和权力资源，为子女谋得体面高薪的职位，就业机会不平等的现象比较突出。出身贫寒，就业较难，地位较低，循环往复，必然会形成“上品无寒门，下品无士族”、阶层固化缺乏活力的体制。当教育无法承载社会流动的责任时，权力和资本就会介入，进一步加剧阶层固化。两亿多农民工难以真正融入城市，没有更换户籍的流动人口难以在流入地获得公共服务，社会体制弹性空间有限，真正的藩篱依然存在。部分人群在公共资源配置中面临“权利缺位”，农民对乡村教育资源配置的需求、对医疗服务均等化的期待，流动人口对住房问题的需求等，并没有引起政策制定者的足够关注，公共服务依然向优势阶层、发达地区倾斜。公权力约束不足，掌握优势资源的权力拥有者、财富拥有者和社会声望分配者“优势互补，结成同盟”，构成了优势阶层的利益传承机制，出现了“财富传承”“权力传承”“事业传承”的状况。阶层固化的实质是社会不平等结构的固化，是弱势阶层不能共享社会发展成果的表现，长久下去会导致社会断裂和引发社会冲突。因此，合理的社会流动是保持社会生机和活力的必然要求。

（二）城乡共享失衡

城乡协调发展是社会主义的主要特征，马克思、恩格斯曾经多次指出要“消灭城市和乡村的分离”，消除“城市和乡村之间的对立”。城乡共享的实质就是要统筹城乡发展，注重城乡协调，促进城乡要素合理配置、平等交换和实现公共服务的均等化，推动城乡发展一体化，使广大农民共享发展成果。然而，由于 20 世纪 50 年代户籍分割形成的城乡二元经济体制，使城市和乡村逐渐趋于割裂状态。城乡壁垒严格地限制了生产要素的自由流动，城乡居民的权利处于严重的不对等状态，农民处于“二等公民”的位置，城乡共享严重失衡，突出表现在收入、教育、就业、公共服务和社会保障等方面。

城乡收入严重失衡。农民收入长期低速增长，农村居民与城镇居民的收入差距不断扩大。依据城乡关系发展的几个时期来观察，1978—1985 年为乡镇企业蓬勃发展时期，城乡收入差距不断缩小；1985—2002 年，随着改革的重点再次转移到城市，城乡收入差距不断扩大；2002—2012 年为城乡统筹发展时期，城乡收入差距较高，城镇居民人均可支配收入与农村居民人均纯收入之比基本保持稳定在 3 左右；2013 年至今为城乡全面融合发展阶段，城乡收入差距持续缩小，2022 年城乡人均可支配收入之比缩小至 2.45。[①] 但总体上仍显示城乡居民总体收入严重失衡的状态。一些城市的高收入人群在海外疯狂抢购奢侈品，100 余万元的劳力士手表，500 多万元的水晶钻石，30 多万元的卡地亚胸针都有国人争相抢购；另一边是中国大量的贫困人口刚刚脱贫，一些边远贫困山区的农民还处在温饱水平，贫困人群的收入低于世界平均水平。我国经济社会高速发展，农民并没有得到与经济发展相对应的利益，农民为改革付出了巨大的代价，“据统计，1952—1986 年，国家通过价格‘剪刀差’从农业中隐蔽地拿走了 5823.74 亿元的巨额资金，加上收缴的农业税 1044.38 亿元，34 年中国家从农业中拿走了 6868.12 亿元的资金”[②]。但农民并没有充分享受到改革发展的成果。

城乡教育共享失衡。正如 1991 年诺贝尔经济学奖得主、印度经济学家阿玛蒂亚·森所指出的那样，收入的贫困只是表象，其根源在于教

① 杨沫:《城乡差距视角下农民农村共同富裕的现实挑战与实现路径》,《产业经济评论》2023 年第 6 期。

② 吴忠民:《社会公正论》，山东人民出版社 2004 年版，第 268 页。

育的贫困和权利的贫困。的确，教育是阻断贫困代际传递的最有效途径。然而，中国的城乡教育也处于严重失衡的状态，在财政投入方面，城镇教育设施一直是国家财政全包，农村教育设施在相当长的一段时间内却是基本上由农民自行负担，国家投入十分有限。在教育资源方面，由于工资水平和生活环境等因素的影响，漂亮的学校、优秀的教师、一流的设备多数都集中在城市，除了公立学校，还有私人学校、特色学校、贵族学校等，而农村相当一部分的师资却是农村代课老师（没有编制，收入微薄），同时还存在着校舍陈旧、办公用具紧缺等问题，农村的教育公共设施靠从农民手中集资来解决；农村曾一度实行“撤点并校”的政策，一些孩子上学需要长途跋涉。为了解决子女教育问题，一些家长将子女转入城镇学校就读，但是又需要缴纳一定数额的“借读费”。国家对农村教育投入的不足，严重影响农村的教育质量，当前国家实施的义务教育“两免一补”政策具有重要的积极意义，但是城乡之间如何合理配置优秀的师资仍然是十分严峻的问题。

城乡就业共享失衡。劳动就业权是劳动者赖以生存的基本权利，然而城乡在就业方面也存在着共享失衡的问题。农村资源要素受市场机制的驱动向城市聚集，农村资金和高素质的劳动力流失严重。然而，这部分流入城市的高素质农村劳动力并不能与城市人平等共享就业机会，一些城市出于照顾本地人等考虑，将相对体面、待遇较高的职业进行“职业保留”，供本地人“专享”，一些城市的劳动部门会发布限制使用外来劳动力的行业和工种，实质上是对农村务工人员平等就业机会的剥夺；劳动待遇和劳动权益不平等，农民工在城市多从事技术含量低、劳动强度大、环境卫生差、收入待遇低的工种，多集中在建筑业和服务业，工资水平增长缓慢且缺乏正常的增长机制，珠三角农民工的收入曾经出现十年零增长的现象，这也是“技工荒”和“民工荒”的重要原因之一。此外，农民工的工资时常遭遇拖欠，曾有“总理为民工讨工资”的事例。就业政策“厚城薄乡”，政府多次召开全国性的会议研究城镇下岗职工再就业问题，并纳入干部政绩考核的范围。一些地方对于失地农民的安置重视不够，又没有专门的、明确的、具体的政策，一些被征地的农民面临着“失居”“失业”和“失根”的问题。统筹城乡发展的关键是提高城镇化率，让“乡下人”变为城市人，然而由于各种门槛和歧视性政策，农民工很难真正融入城市。

城乡公共服务和社会保障共享失衡。基础设施的公共品供给是衡量城乡居民生存和发展环境的基本条件。近年，城市公共设施建设取得显著成就，但一些农村基础设施滞后的问题依然突出。一些乡镇和行政村还没有合格的饮用水，农村生态环境恶化，缺乏基本的生态保护设施，存在“污水靠蒸发，垃圾靠风刮”的现象。城乡社会保障投入严重失衡，用于城市的社会保障支出占支出总数的80%以上，数量庞大的农村人口只占不到20%的比例。现在虽然在农村施行了“新农合”和大病统筹，一定程度上改善了农民“就医难”的问题，但是农民就医的报销比例要远低于城镇居民，药品价格上涨的比例甚至超过补贴给农民的费用，没有从根本上解决问题。由于优质医疗资源仍然集中在大城市，农民得了大病、重病不得不到大城市大医院就医，高昂的交通、住宿和医疗费用仍然是他们非常沉重的负担，由于人脉资源的匮乏和经济的拮据，依然存在着“挂号难”和“就医难”的问题。养老方面，只有少数人靠自己缴纳一定费用有社保，多数农民依然靠家庭养老。一些农民将土地作为生存保障资源，但是在工业化和城镇化的进程中，有几千万的农民失去了土地。由于土地征用的法律制度滞后，并且补偿标准较低，征地收益被地方政府、开发商和村级组织分割后，农民所得甚少。即便如此，拖欠征地安置费现象时有发生，许多农民成为“务农无地、就业无岗、创业无路、低保无份”的“四无”农民，土地问题成为近年来农民上访的首位问题。

(三)地区共享失衡

地区发展不平衡是中国国情的一个主要特征。由于气候、地理条件、自然环境和资源禀赋等造成的区域差异是正常的，但是中国的地区差异有着多方面的原因。历史形成的累积循环效应、公共政策偏好以及财政转移支付体系的不完善等，导致各地区在经济收入、权利与机会、公共产品和服务的共享方面严重失衡。关于区域间的差距，清华大学胡鞍钢教授曾经提出“一个中国、四个世界”的说法，认为京、沪已经超过上中等国家收入水平，属于第一世界；津粤江浙闽介于下中等国家收入与上中等国家收入之间，属于第二世界；东北和部分中部地区介于低国家收入和下中等国家收入之间，属于第三世界；西部贫困地区、老少边穷地区低于低收入国家平均水平，属于第四世界。[①] 2014 年，沪京浙深等发达地区人均收入都超过 4 万元，西部甘肃等贫困地区刚刚接近或突破 2 万元，最高与最低地区的人均收入差距为 2.29 倍。静态来看，东中西三大区域的居民收入水平呈现依次递减的格局；动态来看，呈现东快西慢的趋势。地区之间的绝对差距和相对差距都进一步拉大。不断拉大的收入差距是区域不平衡的历史积累和惯性发展的结果，新中国成立后采取的均衡发展战略，只是局部缓解了旧中国工业畸形分布的局面，同时由于忽视区域经济发展中的效率问题，并没有从根本上解决地区经济社会发展严重不平衡的状况，进而实现区域分配的公平。改革开放之后向东部地区倾斜的非均衡发展战略，伴随着区域分配市场化的进程，传统的区域均衡分配格局被打破。地区差距的拉大，可能滋生矛盾和摩擦，譬如地区之间的资源争夺大战、名目繁多的行政壁垒和贸易壁垒、相互的垄断和封锁等，还可能引发阶层利益的分化和整合。

目前，中国的地区差距指标高于世界上地区差距较大的印度和南斯拉夫的相应指标，也比美国、意大利、挪威等发达国家在 20 世纪 30 年

① 胡鞍钢:《2030 中国: 迈向共同富裕》，中国人民大学出版社 2011 年版，第 136 页。

代出现的历史上地区差距指标的最大值还要大，主要表现在以下几个方面：第一，地区经济增长严重不平衡。马克思曾说："就对象说，能分配的只是生产的结果，就形式说，参与生产的一定方式决定分配的特殊形式，决定参与分配的形式。"①一个地区经济增长水平和速度同收入总量的增长水平、速度成正比，中国地区间经济增长差距不仅反映在各自要素存量的差别上，而且反映在要素的吸纳能力和各种投入要素的产出能力上。缪尔达尔的"累积性因素关系论"指出，在地区不平等状态下，"经济力和社会力的作用使有利地区的累计扩张以牺牲其他地区为代价，导致后者的状况相对恶化并延续它们的进一步发展，由此将导致不平等状态的强化"②。生产要素一般会从劳动生产率低的地区流向劳动生产率和收益较高的地区，沿海地区经济基础好，政策优惠，资源利用效率高，吸纳资金和劳动力的能力强，因而发展更快；反之，落后地区发展愈加滞后。第二，地区市场分配机制作用不平衡。改革开放后，东部地区市场分配机制作用强，西部地区仍然以计划经济为主导。市场机制使居民收入来源渠道增多，工资外收入增加加快，拉大了与西部地区居民之间的收入差距。第三，地区产业发展进程不均衡。中国是后发的工业国，工业化过分集中于个别大城市，致使中国地区产业结构进程高度不均衡。沿海地区城市化与工业化水平较高，农业比重较低，大部分西部地区农业比重超过 50%，不仅是农业大省，也是财政穷省和工业弱省。东部地区凭借较高的城市化水平对外围地区进行辐射和扩散，形成城乡一体化的大城市经济圈，西部地区城市化水平低，城市辐射面非常有限。产业结构发展的不平衡，势必引起收入水平和就业结构的改变，直接影响地区居民收入分配状况。东部地区产业深化进程快，第二、三产

① 《马克思恩格斯选集》第 2 卷，人民出版社 1995 年版，第 13 页。

② 转引自 A.P. 瑟尔瓦尔：《增长与发展》，金碚等译，中国人民大学出版社 1992 年版，第 121—122 页。

业发展蓬勃，带动地区经济总量和人均收入水平的迅速提高；西部地区产业发展滞后，第一产业占比较大，投资回报率低，经济效益低，居民收入水平低，地区差距由此拉大。第四，地区间竞争机会共享失衡。20世纪 80 年代前后，中央对沿海地区实行免税等优惠政策，而不发达地区在相当长的一个时期内，没有类似的免税优惠政策，与发达地区的较轻税负形成巨大反差。除此之外，在其他经济政策上也存在着不平等之处。譬如：进出口优惠、投资规模的审批权限等，发达地区凭借一系列优惠政策赢得了时间、资金和优势。在外资的利用方面，东部地区“近水楼台先得月”，利用外资额度占全国利用外资总额的 80% 以上，同时中西部地区还有部分资金通过股票交易、横向投资和银行信贷差的方式流入沿海地区。还有，价格体系改革的滞后引起区域利润分配和资本积累的较大差别，西部地区的能源价格和农产品价格一直由国家控制，降低了资源配置效率，造成利润流失；东部地区以轻工业为主，主要生产消费品等最终产品，价格由市场调节，资源和投资效率较高，获得“双重利润”。第五，地区间公共服务共享失衡制约了西部落后地区的经济发展。东部地区凭借其地理优势、交通优势、人才优势和市场优势，经济趋于良性循环；西部地区仍然以劳动力和资源驱动经济发展，发展中又破坏了生态环境，形成了一定程度的恶性循环，影响经济社会的可持续发展。

（四）行业共享失衡

改革开放以来，中国职工平均工资从 615 元增加到 2007 年的 36539 元，增长了 59.41 倍。根据国家统计局发布的数据，2015 年全国在岗职工平均工资税前达到 63241 元。年平均工资最高的三个行业是金融业、软件和信息技术服务业、科研技术服务业；年平均工资最低的三个行业是农林牧副渔业、住宿餐饮和水利业、环境与公共设施管理业。收入最高行业与收入最低行业平均工资之比为 3∶59，行业工资极值差（行业最高工资与行业最低工资的差距）自 1978 年以来一直呈上扬的趋势。数据发布后，许多人认为自己“被平均”或者“拖了平均工资的后腿”。大多数人工资水平较低，少部分人工资水平较高，工资收入没有呈正态分布，因此多数人的工资水平会低于平均工资，反映出我国行业之间收入的不均衡。我国行业共享失衡主要体现在不同行业以及同一行业内部竞争机会的共享失衡和收入方面的较大差距。

垄断行业与竞争性行业的收入差距较大。据调查显示，垄断行业与传统行业的薪酬差距在 2—4 倍，主要原因在于垄断本身，垄断行业存在着人力资源与劳动力市场的双轨隔阂。垄断行业的一部分高工资，并非由于贡献大，而是由于不合理的行业保护政策，这是不符合按劳分配原则的，属于分配不公正现象。此外，垄断行业和竞争性行业之间还存在竞争机会的不均衡问题，政府投资基本面向垄断性行业倾斜，竞争性行业很少有机会能够共享政府的投资；市场准入没有统一的标准，电信、民航、烟草、石油等垄断行业垄断重要生产要素，直接操控着产品或者服务的价格，民企很难与之平等的竞争，阻碍了资源在行业和市场中的自由流动；政府是信息最为集中的掌握者，垄断行业在信息获取渠道上“近水楼台先得月”，非垄断行业很难获取一些“内部信息”，甚至存在着一些权力寻租、权钱交易、官商勾结等非法行为。

新兴行业与传统行业之间收入差距较大。新兴行业主要指信息软件、生物技术、新材料和高端制造等知识密集型行业，传统行业主要指劳动密集型行业，二者的收入差距也在不断拉大。但是由于新兴行业以知识、技术、资金密集为主要特征，风险大，智力劳动强度高，附加值高，行业人力资本水平较高，这些行业的高收入符合创新驱动和知识经济发展的趋势，是应该肯定的。新兴行业与传统行业之间虽然存在较大的收入差距，但是民众是表示理解、支持和赞同的，因为它体现了知识创造价值、教育改变命运的正能量价值观。袁隆平、屠呦呦等科学家获得巨额奖金，并没有人存在“仇富”心理或表示不满，就是这个原因。

垄断行业内部收入差距悬殊。据调查显示，垄断行业高管与一线职工平均薪酬差别悬殊，金融行业高管年薪普遍超过百万元，是一线普通员工的十几倍乃至几十倍。尤其值得注意的是，在一些国企连年亏损不景气的状况下，一些高管的薪酬不降反升。2015 年《中央管理企业负责人薪酬制度改革方案》出台后，新的薪酬制度开始启用，央企高管高得离谱的薪酬得到进一步的调整和规范。

同一行业甚至同一单位编制内外员工“同工不同酬”。在一些事业单位，存在着编制内外待遇两重天的现象。编制内员工，享受财政全额拨款，“旱涝保收”；编制外的“临时工”“人事代理”等，干着同样性质和劳动强度的工作，却难以共享同等的待遇。调查显示，为了节约成本，教育行业、卫生行业和广播电视行业等大多单位都存在着编外用人现象。编制外的职工工资较低并且缺乏必要的增长机制，退休后的养老保障平均水平也低于编制内人员。一些单位一面不断提高编内员工的待遇，一面招收大量的“临时工”。这样做，对员工来讲，实质上是一种身份和权益的不平等。

行业共享失衡的原因是多方面的，一是管理体制的僵化，不同行业分属不同的管理部门，各自站在本部门的角度来确定收入水平，没有统筹考虑收入分配关系；二是有关工资等相关法律的严重滞后，工资的支付管理和增长机制都处于无法可依的状态；三是特权引起的体制机制不平等，政企不分，不讲规则，排斥竞争，通过行政性垄断人为制造不平等；四是由于行业人力资本水平和劳动生产率差异产生的收入差距，这部分相对由于垄断和非法收入形成的收入差距划入了合理范围。随着收入分配制度和事业单位体制改革的深入，对过高收入进行调整与规范，淡化编制呈明显趋势，政府的公共服务职能进一步强化，政治生态进一步净化，特权干预的情况将会大为减少，行业共享会逐步协调平衡。

（五）经济与社会发展失衡

改革开放以来，我国经济迅猛发展，社会事业发展却相对滞后，在民生、社会保障领域有很多历史的“欠账”。虽然从数字上看，人民的收入在不断增加。但政府重经济增长，轻民生建设。一个时期以来，“唯GDP”的政绩观充斥着一些领导干部的头脑，一些官员只关注于政绩考核范围内的各项指标，而忽视与人民群众生活密切相关，但不在考核范围内或不易测度的教育、医疗、环境治理、社会保障等民生建设。从国家利益的角度出发，政府具有发展经济和改善民生的双重职责。然而，传统的政绩观却对政府行为产生了消极的、负面的影响，譬如重经济增长、轻环境保护，对一些经济效益较好、环境效益较差的项目“开绿灯”。尤其是中央实施分税制改革后，有的地方政府为了吸引投资，居然进行“逐底竞争”，竟然不惜以破换环境的代价作为“优惠待遇”，吸引资金和项目等流动性要素向所管辖区集聚，这无异于饮鸩止渴。正如加尔布雷斯在《经济学和公共目标》中尖锐批判的，一些地方将“经济增长”当作牢不可破的信念和目标，将“无论如何不能妨碍经济增长”作为一些不好的事情和做法的掩饰，对数字的关心超过了对人的关心，对物的关注超过了对人的关注，舍本逐末，本末倒置。这种做法是典型的“以物为本”，它的消极后果不仅体现在生产、消费等经济领域、生态领域，而且波及思想领域，对人们的价值观造成负面冲击，形成了这样的现象：一个人的成功要通过他拥有的财富、使用的车子、居住的房子等物化价值来体现，人的价值不通过人本身而通过物来体现，这是一种“异化”，容易使人们陷入“物化困境”，造成理想信念的动摇和价值观的迷失。如果不重视解决这个问题，任何意在缓和社会矛盾的政策和措施都是无济于事的。发展是硬道理，但是在民生建设方面失之于软，也是不符合邓小平提出的“三个有利于标准”的。

一些地方，政府公共投入比重偏低，公共投入顺序颠倒。数目惊人的财政支出却投入与民生并不密切的豪华场馆、豪华工程的建设上，特别是某些贫困县，全县只有一辆救护车，却要兴建长安街标准的道路、天安门造型的政府机关大楼，兴建超标准的豪华剧院、音乐厅、城市广场，脱离民生的基本需求。当然，为了改善城市面貌，依据当地的经济发展水平适度建设是应当的，但是超标准、大规模、扎堆式的兴建豪华建筑是不妥当的。豪华工程的建设挤占了大部分的民生支出，有的通过向银行抵押借贷进行建设，有的通过卖地收入进行建设。“土地财政”不仅使当地的产业结构畸形，而且抬高了房价，加剧了民生负担。

有的地方，政府将经济政策和社会政策混淆，将本属于政府的责任推向市场。改革开放以前，我国的教育、医疗、住房和社会保障基本都是由国家提供的。即便在发达的资本主义国家，这些领域也具有高度的社会性，政府对这些领域的投资占很大的比重。然而，中国在改革开放后的一段时期，一些地方将这些领域全部推向了市场，教育、养老等费用基本等由人民群众自身来负担，改革实质上是以牺牲广大人民群众的基本公共服务为代价的。人民群众过多地负担了改革的成本，却过少地共享了改革的成果，这是不符合社会公正的基本要求的。教育市场化、医疗市场化、住房市场化，是将经济政策与社会政策混淆的表现。马克思曾经将全民义务教育当作一项重要的社会革命目标，世界各国的发展历史表明，以公益性为主要特征的教育事业依靠市场机制是很难发展起来的。教育投入本身不能产生立竿见影的、直接的、看得见的利润，但是从长期效益来看教育投入是收益率最高的。一些地方、单位以市场推动教育，不可避免地带来教育权利的不平等和文凭的“贬值”等消极后果。把住房推向市场，导致房价“畸高”，只解决了一部分高收入群体的住房问题，低收入群体的住房问题不能得到保障，而且造成住房领域的两极分化，一面是有人坐拥数十套、上百套住房的“房叔”“房姐”，一面是大量不堪重负的“房奴”和连做“房奴”也不够格的买不起房的民众。个别城市还大量出现“鬼城”现象，一面是大量的无人居住的闲置空房，一面是大量的无房居住的底层群体。把公共服务推向市场，人民自己花钱买社保，政府绝大部分的医疗投入主要为党政干部服务，形成特权体系。以上这些都是与社会主义共享的本质相悖的。要解决经济社会发展失衡的问题，必须转变经济发展方式，改变传统的政绩考核体系，进一步规范政府与市场的职能。

三、共享失衡的原因

由于社会转型的复杂性和艰巨性，共享失衡的原因也是多方面的，既有政策倾斜与体制转轨的历史原因，也有现行分配和社会保障机制等不健全的现实原因，还有由当代中国社会突出矛盾决定的深层原因。

（一）历史原因——政策倾斜与体制转轨

1. 体制性障碍

中国的城乡二元经济结构从宋代起就存在，但是当时并不存在城乡二元经济体制，也就是说人们在城乡之间是不受户籍限制，可自由迁徙的，这种情况一直持续到 20 世纪 50 年代前后。新中国成立后，照抄照搬苏联的计划经济模式，人为地划分为城市户籍和农村户籍，包括经济、社会、人口等方面内容的城乡二元体制就此诞生，突出表现在以下两个方面：

（1）城乡分隔的户籍制度形成的“身份壁垒”。以户籍制度为基础的城乡分隔体制，人为地在城乡之间筑起一道“鸿沟”，把城乡居民分隔为社会地位与发展机会有巨大落差的两大社会集团，农民处于我国社会等级关系的最底层，被称为“草根阶层”或“弱势群体”。“城乡分治，一国两策”的体制，使得城乡在教育、医疗、就业、养老、分配、社会保障、税收等方面，都出现了严重的失衡。每当国家经济遇到困难或者出现波动时，国家的分配等各项政策总是向城市倾斜，保证城市的优先发展。改革开放前的重工业优先发展战略以及改革开放后的城市优先发展战略，使得国家公共产品的供给、公共资源的分配都主要集中在城市、市民和工业。城市部门通过财政金融渠道以及工农业产品的“剪刀差”等途径，过度汲取农村农业剩余资金；城市优先的投融资体制，制约了农村经济的发展，造成城乡居民收入、消费等方面的差距。在户籍制度基础上产生的资源配置与占用制度、发展机会的分配制度等使农民阶层陷入结构性不公平状态，造成城乡经济社会发展的失衡。

（2）农村资源与生产要素的流动性障碍。20 世纪 80 年代，农村经济改革和城市经济体制改革使城乡经济关系开始相互渗透，城乡分隔与封闭的格局开始被打破，城乡二元经济结构趋于弱化，但是到了 20 世纪 90 年代，这种城乡二元经济结构竟然出现了趋于加剧的走势，城乡关系又出现新的不协调，城乡居民收入差异系数、恩格尔系数差异度都在攀升，城乡二元对比系数为 20% 左右，显示城乡二元经济结构不仅典型而且严重。究其原因，表面上看是农村新一轮改革产生的激励效应减退，实际上则是因为农村剩余劳动力无法顺利向城镇转移。严格的城乡户籍制度以及就业用工制度也存在弊端。另外，农村的土地等生产要素也不具有充分的流动性，土地的最后处置权以及随时重新分配的权力牢牢掌握在各级政府手里，压缩了乡村的发展空间。

2. 政策性障碍

（1）不均衡发展战略和倾斜性的公共政策。改革开放以来，党和政府汲取搞平均主义、吃“大锅饭”的教训，为了缩小与发达国家之间的差距，充分调动人民群众的积极性，我国在政策取向上采取了“效率优先，兼顾公平”的方针。1978 年底，中央对全国经济建设布局进行了重大调整，实施允许一部分人先富起来的政策，对东南沿海地区给予各项政策优惠。在东部地区成立了沿海开放地区、经济特区、经济技术开发区等构成的开放体系，以及与其相适应的一整套特殊优惠政策。这种倾斜性的非均衡地区发展战略，在促进东部地区快速发展并带动国民经济总体水平提高的同时，也付出了东部地区、中西部地区差距日益拉大的代价。东部地区的地理位置、经济基础以及侨属较多等优势得以充分发挥，再加上政府在税收和投入等各方面的优惠支持，东部地区的发展速度和水平远远高于中西部地区。

（2）农村土地政策形成新的“剪刀差”。农村土地所有权集体所有，产权不够清晰，土地市场政策不健全。在土地流转过程中，土地虽然在增值，但农民获益并不多。国家规定土地不能进入一级市场，却出现了低价征购土地的强买强征的行为，导致农民的土地利益流失。另外，国家在财政金融政策的安排上轻视农村。农村金融供给缺口很大，农民想从金融机构取得资金支持十分困难。调查显示，国家金融机构向农村和农业发放的贷款额度占发放贷款总额的比重很低，不足10%，仅靠农村信用社远远不能解决农业、农村和农民的资金供给问题。

3. 体制转轨的影响

我国的分配机制主要包括两大块：计划分配机制和市场分配机制。改革开放之前全国范围内的收入分配整体呈现“平均化”的状态。改革开放后，我国从高度集中的计划经济体制逐步向充满活力的社会主义市场经济转变，市场的作用凸显。再加上不平衡发展政策的引导，东中西部地区市场化程度各不相同，居民收入开始分化。特别是对于中西部地区来说，市场化进程比较缓慢，传统的国有大中型企业的优势在逐渐消退，国有企业在管理体制、内部组织机构和技术创新等方面都与市场经济的要求有很大的差距，市场效率低下、创新活力不足、资金周转困难。许多国企有“企业办社会”的传统。这些国企的基础设施、社会福利、教育医疗支出费用较大，也牵绊了这些企业的发展。然而，东部地区的情况却是快速与市场经济接轨，吸引了大批的港资和外资企业，经济发展活力四射，居民收入来源增多，工资外收入迅速增多，比中西部地区收入高出一大截，居民收入差距就此拉大。收入的拉大导致发展机会等的不平衡，各方面差距全面拉大。

（二）现实原因——现行分配、公共服务和利益表达等制度机制不健全

中国处在社会转型的过程中，一些适应市场经济发展的体制机制还没有完全确立起来，一些不适应市场经济发展的体制机制还在保留，新旧体制之间还没有完全对接，现行的分配机制、公共服务机制、民众利益表达与补偿机制等方面还存在不完善的地方。

1. 分配机制不健全

分配公正是共享发展的基础内容与核心要义，中国当前分配问题的焦点早已经从改革开放前的“平均主义”的不公问题，转变为扭转收入差距扩大导致的不公问题。当前在初次分配、二次分配和三次分配领域存在的诸多问题是共享发展实现的主要障碍。初次分配领域主要存在着“强资本与弱劳动”的分配逻辑、结构性的经济垄断和缺乏专门的法律保障等问题。不同主体拥有生产要素的质量和数量存在很大差异，劳动力要素的市场价值远远低于资本和技术等智能性生产要素，有的地方出现权力要素介入分配导致分配机会的不均等与规则的不公正。垄断性国企与竞争性行业之间的收入差距悬殊，土地和一些国有资产的非正常处置，导致城市不同社会群体的收入差距扩大。收入分配缺乏专门的监管和专门的法律保障，农民工等底层群体的劳动权益不能得到保障，存在着雇主的“恶意欠薪”现象，城市贫困群体的最低工资没有随经济发展速度和物价上涨水平及时上调。二次分配主要针对初次分配的收入差距进行补偿性纠正，但是我国的二次分配机制存在着调控功能弱化的突出问题。财政转移支付功能发挥不充分，税收返还占比较大，对高收入地区无形中形成了倾斜，加剧了地区利益分化，一般性转移支付所占比例又过小。税收“逆向”调节现象严重，中低收入群体成为纳税的主力军，个人所得税存在严重流失现象，财产税本可抑制“马太效应”，但遗憾的是财产税存在着严重缺位现象。社会保障体系滞后，社会保险覆盖面存在较大缺口，社会救助水平较低，社会福利水平与人民群众的需求有

较大差距。三次分配主要是社会分配或者道德分配，整体来看尚处于起步阶段，公共倡导力度不足，社会成员参与度不高，运作机制不健全，规模也比较小。就慈善事业本身来讲，存在着慈善捐赠机制不健全和慈善监督机制不完善的问题。

2. 公共服务机制不健全

基本公共服务具有天然的共享性，推进基本公共服务均等化是政府义不容辞的责任。中国当前在这方面存在的问题主要表现在以下几个方面：一是公共服务型政府尚未完全确立，相关资金投入总量严重不足，教育、医疗和社会保障的支出占 GDP 的比例偏低。二是基本公共服务不均等现象严重，由于相关体制机制不完善，城乡区域间资源配置不合理、管理条块分隔、制度设计不衔接问题比较突出。城乡二元分治导致城乡之间基本公共服务差距较大。由于在基本公共服务的供给方面存在偏差，弱势群体对基本公共服务的享有严重不足。三是推进基本公共服务均等化的统筹力度不够，基本公共服务存在着“板块式”分化。各种制度之间缺乏兼容的接口，不能顺畅转换，例如，存在农村的新农合和城镇居民的医疗保障如何兼容、流动人口的社会保障挂靠以及跨地区转移等问题。这些都需要国家层面的统筹与协调。有限的公共资金和资源存在着条块分隔、分散使用的情况，一些地方的公共服务存在重复投入、重复建设的情况，一些地方的公共服务建设缺乏前瞻性规划，造成大量资金浪费等情况。可见，我国在基本公共服务的供给机制、资金投入和利用机制、统筹规划机制方面存在着严重的不足和缺陷。

3. 民众利益表达与补偿机制不健全

共享发展具有包容性的特征。共享发展的一个重要目标就是社会和谐，因此畅通的利益表达与完善的利益协调机制是共享实现的重要途径。虽然我国的社会主义市场经济体制已经初步形成，但还未建立起一整套与之相适应的利益表达诉求与协调机制，还存在着一些障碍。

一是利益表达与诉求存在障碍。首先，制度内利益表达的代表结构亟待优化。人大代表中妇女代表较少，以农民工为代表的弱势群体代表人数不足且素质不高；人大代表自身的参政议政素质良莠不齐，一些人大代表的利益表达能力与代表职责匹配程度较低；人民政协的成员构成缺少新生行业、阶层和组织的代表，阻碍了这些群体在政治协商中的利益表达。其次，信访制度不完善。信访作为一种利益表达机制，是弱势群体表达利益诉求的主渠道与重要平台。然而当今社会群体上访、越级上访、重复上访的事件频发，影响了信访工作的社会绩效。这与国家机关对信访部门受理案件范围的规定可操作性不强、责任关系不明确有关，一些地方政府为了躲避政治问责，瞒报信访事件，对上访人员进行围堵，一些信访机关对信访案件进行“有偿销号”。这些均阻碍了上访人员利益的正确表达，反映了信访机制的不健全。最后，社会群体利益表达的组织化程度不高。目前一些社会成员倾向于通过个人申诉和借助各种媒体来表达利益诉求，问题解决的难度很大。实际上，以团体形式表达利益诉求更为有效。可是我国缺乏相应的利益表达组织，影响了社会成员尤其是弱势群体利益的充分表达，甚至衍生出弱势群体的非规范化利益表达。

二是利益补偿机制比较欠缺。利益补偿不是同情或怜悯，而是国家对改革中利益相对受损群体进行的一种适度物质弥补。然而，在具体实践中，因为补偿机制不健全，出现了补偿不足和补偿过度两种现象。一些地方政府不按程序开展补偿工作，且缺乏监督，对弱势群体的补偿反而变成特权群体的变相获利，相对强势的群体抢占了本应由弱势群体获得的补偿利益，譬如开豪车住廉租房等。

（三）深层原因——当代中国社会的突出矛盾

矛盾分析法是马克思主义的基本分析方法，也是人们认识和分析问题的一个根本方法。中国特色社会主义进入新时代，社会主要矛盾发生转化，但是我国依然处于并将长期处于社会主义初级阶段的基本国情没有变。要满足人民群众对美好生活的向往，必须不断实现人民群众的利益共享。改革开放一段时间以来，中国成就和中国问题形成鲜明的反差，“人民群众对于经济社会协调发展和社会公平的要求与经济社会发展不协调以及社会差距扩大之间的矛盾已经成为当前中国社会的突出矛盾”[①]。这个突出矛盾反映了当代中国共享失衡的深层原因。

共享失衡的关键症结在于经济社会发展的不平衡不协调。经济发展进入新常态之前，中国的经济基本都处于高速增长时期，特别是沪京浙深等发达地区人均 GDP 已经超过上中等国家的平均水平，已经进入中等发达阶段。中国基本摆脱了“贫困陷阱”，物品短缺、有钱买不到商品的情况得到彻底改变，消费疲软、内需不足成为阻碍经济发展的主要因素。究其原因，是因为人们“有钱不敢花”，有太多的后顾之忧。低水平的社保、不稳定的就业、高昂的教育医疗费用、高得离谱的房价等，这些都与社会事业发展的滞后密切相关。可以预见的是，在未来一个相当长的时期内，如果没有一套适合国情的、完善的社会保障制度，如果不能平衡经济社会发展，利益矛盾、共享失衡的现象只会越发严峻，不可能自动消减。共享失衡的主要原因在于分配制度的不完善。计划经济时期的“大锅饭”因其无效性终被淘汰，以按劳分配为主体、多种分配方式并存的分配制度激发了利益主体的创造力和主观能动性，符合发展的要求和人民的愿望。问题的关键是，在分配的过程和不同环节出现了不协调，初次分配特别强调效率，再分配并未真正落实公平。很长一段时间，城市居民和农村居民的收入增幅都落后于 GDP 增幅，政府和企业的收入增幅都超过 GDP 增幅，税收收入的增长也高于居民收

① 参见《正确认识当前中国社会的突出矛盾》，《新华日报》（电子版）2007 年 12 月 29 日。

入的增长。国库比较充盈，但是大部分老百姓的口袋没有鼓起来，民生投入也不到位。共享失衡的重要原因在于社会公正的缺位。矛盾无时无处不在，利益主体之间存在矛盾是正常的，关键在于能否及时、有效地化解矛盾，以共享彰显社会公正。取消农业税之前，农民因为需要缴纳各类税费而不堪重负，民众上访络绎不绝，中央在认真调研、综合评估之后，果断废止了农业税，并且出台了种粮直补等一系列优惠政策，干群关系得到一定程度缓和。但是，从整个社会来看，由于权力市场化、阶层严重固化等引起的不能公正共享的问题依旧比较突出，“草根阶层”认为利益诉求只属于“精英阶层”，而新的社会阶层又有“经济上的巨人与政治上的矮子”的不平衡心态，归根结底，是整个社会权利公正、机会公正、分配公正的社会保障体系不健全的缘故。

60 多年前，毛泽东在《论十大关系》和《关于正确处理人民内部矛盾的问题》的文章中，曾经专门论述过中国社会的主要矛盾；邓小平也指出主要矛盾决定着党和国家的中心任务。就经济社会发展水平而言，中国人均 GDP 虽然突破了 10000 美元，但是在自主创新和思想文化等方面都同发达国家存在很大差距，发展社会生产力和文化生产力仍然是主要任务，经济建设仍然是中心，问题的关键在于经济社会发展不够协调和平衡，而不在于要不要发展，人民利益共享、社会公正和谐等发展中的问题从根本上说，还是要靠发展来解决。突出矛盾不能替代主要矛盾，不能因为着急解决突出矛盾而影响解决整个社会的主要矛盾，冲淡“一个中心”或制造“多个中心”；同样，也不能只顾解决主要矛盾，而忽视对突出矛盾的处理，错过了解决突出矛盾的最佳时机。

要在解决突出矛盾的过程中，逐步实现人民群众的利益共享。首先要增强经济社会发展的协调性，改变经济与社会“一条腿长，一条腿短”的问题，坚持“两点论”与“重点论”的统一；其次要重视从制度层面解决问题，社会主义市场经济不是“灵丹妙药”，没有与社会主义市场经济相协调的利益均衡机制，难以实现公正共享，在利益调整过程中，要改变利益“共享”与“共建”相脱节的状态，从户籍制度、分配制度、社会保障制度、扶贫制度、公共投入制度、就业制度等方面“多管齐下”，注重制度完善和创新；最后要营造解决矛盾的软环境，消除路径依赖和制度惯性，加强对党员干部的廉政教育，强化富裕群体的社会责任，关爱社会弱势群体。

第五章

共享发展的实现路径与机制

共享发展是具有浓郁时代特色的“中国话语”，必须立足于现实的中国国情和生产实践的基础之上，探索符合人民利益、具有中国特色的共享路径。要把共享发展这一中国共产党治国理政的重要理念落到实处，首先要在价值层面明确共享的价值取向和终极追求，为共享发展提供根本性的方向指引；其次要在制度层面为共享发展提供根本保障，在中国特色社会主义“五位一体”的总体布局中通过合理有效的制度安排，推进共享发展；最后要在具体的体制机制层面，为共享发展的落实提供支撑。

一、坚持共享的价值目标

“一种发展理念反映着一种时代精神、实践理性和价值取向，它引导着一个国家、民族的发展潮流，对社会发展产生重大而深远的影响。”[①] 共享发展体现着以人民为中心的民生伦理，

---

① 丰子义：《发展的呼唤与回应——哲学视野中的社会发展》，北京师范大学出版社 2009 年版，第 3 页。

以公平正义为取向的社会主义共享价值观，以人的自由全面发展为最终目标的价值旨归，对共享发展的最终落实起着价值统领和指引的作用。

（一）坚持以人民为中心的价值取向

1. 共享发展贯穿着以人民为中心这根红线

从中国特色社会主义发展逻辑来看，从“发展是硬道理”“发展是党执政兴国的第一要务”到“发展成果由人民共享”“以人民为中心”，体现着对发展目的、发展动力和发展宗旨认识的深化，蕴含着共享发展的理论内核；从马克思主义思想谱系来看，共享发展是对马克思主义唯物史观、人民主体论与利益共享思想的继承与发展，是对以人民为中心思想的重大理论升华；从中国特色社会主义具体实践来看，共享发展体现着中国共产党的执政宗旨，是对人类社会发展规律、社会主义建设规律和中国共产党执政规律的进一步认识；从中国共产党民生伦理来看，共享发展坚持民生导向，将发展与民生纳入协同发展的框架之中，将民众的福祉与“获得感”作为党和政府的第一要务，真正体现了以人民为中心的核心价值。

2. 以人民为中心是共享发展的价值之核

从发展的本体论来看，马克思主义批判并摒弃“英雄史观”，坚持“人民史观”。在生产力和生产关系的链条中，人民一直是关键性的力量，正如列宁所说，只有群众的自觉主动参与，才有可能取得革命的胜利，人民群众是“自觉的历史活动家”。列宁还指出，社会主义革命是伟大而不可战胜的，因为“这是第一次不是由少数人，不是仅仅由富人、仅仅由有教养的人，而是由真正的群众、由大多数劳动者自己来建设新生活”①。全体劳动者是人类社会实践的主体，他们的共同实践活动创造了人类社会，这充分肯定了广大人民群众在人类社会实践中的主体

① 《列宁全集》第35卷，人民出版社1985年版，第57页。

地位与积极作用。共享发展强调发展的实践主体与发展成果享受者的统一，体现着人民群众在生产实践中对未来幸福生活的憧憬与向往，是地地道道的社会主义原则。从发展的动力论来看，马克思主义认为生产力是推动社会进步的最活跃、最革命的要素，但是生产力不是孤立存在的；能量的发挥必须依赖于“人”这一关键因素，人民群众才是推动历史发展的根本动力。中国共产党始终遵循唯物史观人民动力论，坚持把紧紧依靠人民群众作为发展的根本动力。习近平总书记指出：“人民是历史的创造者，群众是真正的英雄。人民群众是我们力量的源泉。”[①] 中国共产党执政为民不仅是为最广大人民群众谋利益，同时也必须依靠广大人民群众广泛参与才能完成，共享发展不仅注重发展成果的共同享有，而且重视发展过程中人民群众共同参与，没有共建就没有共享。共享发展是一个从低水平到高水平、从不全面到全面、从不均衡到均衡的循序渐进的过程，在严峻而复杂的形势下，必须激活民力、凝聚民心、集中民智、顺应民意，尊重与依靠群众，为改革发展奠定坚实的群众基础。从发展目标论来看，共享发展的目标与中国共产党的执政宗旨根本一致。共享发展的目标是为最广大人民群众谋利益，让人民群众有更多的“获得感”与“幸福感”。所以这种目标的设定，是为了在发展中能够汲取更多更深厚的力量源泉，正如列宁所讲的，“国家的力量在于群众的觉悟”，“当群众能够自觉地从事一切的时候，国家才会有力量”[②]，中国共产党在党的七大就明确了党的根本宗旨。从“全心全意为人民服务”到“以人民为中心”，增添的是新的时代内涵，不变的是中国共产党的政治品格和为民情怀，彰显的是中国共产党的价值取向和目标追求。但是，马克思主义认为“如果党的劝告同人民自身的生活经验所教

① 《十八大以来重要文献选编》上，中央文献出版社 2014 年版，第 70 页。

② 《列宁选集》第 3 卷，人民出版社 2012 年版，第 347 页。

给他们的东西不相一致的话，千百万人是决不会听从这种劝告的”[①]。也就是说，在现实的社会实践中，必须承认人民群众的物质利益，并不断满足人民群众的物质利益诉求。人民群众对“目的”是热情关注的，“‘思想’一旦离开了‘利益’，就一定会使自己出丑”[②]。共享发展要真正落地，就必须关注人民所期盼的真实利益诉求，人民对于优质的教育、稳定的工作、称心的收入、完善的社保、优美的环境等民生诉求必须得到满足。如果说发展的目标同人民的利益背道而驰，或者发展的速度与人民利益满足的程度不协调、不同步，都不是真正以人民为中心的共享发展。因此，坚持共享发展，就必须坚持以人民为中心的发展取向，逐步营造共享发展的体制环境，夯实基本民生，努力缩小民生发展差距，这既是对人民主体地位的尊重，对人民群众创造性的激励，也是对人民群众期盼的积极回应，同时也体现了马克思主义的价值取向。

（二）坚持共享的社会主义价值观

要把共享发展理念落到实处并为人们所真正接受，就必须使社会各个阶层、各个群体能够达成集体共识和利益均衡，让共享成为社会的主流价值和伦理支撑。共享作为一种价值观，伴随着人类文明的进程不断发展。亚里士多德说，人是一种政治动物，必须参加社会生产活动，进行社会交往。从原始社会开始，人类靠血缘关系缔结成生活共同体，共同劳动，共同分配，共同抵御大自然和外来人的威胁。原始社会虽然生产力水平极其低下，却具有较高的生产关系。出于生存和安全的考虑，原始人必须依靠群体的联合才能捕捉食物、抵御野兽袭击，才能维系共同体的延续，那时的共享，无疑是一种重要的机制，但这种共享发展程度是十分低级和原始的。随着人类文明的进步，共享的观念呈现不断强

① 《列宁全集》第 30 卷，人民出版社 1985 年版，第 147 页。

② 《马克思恩格斯文集》第 1 卷，人民出版社 2009 年版，第 286 页。

化的趋势。在奴隶社会和封建社会，由于私有制的出现，统治阶级对普通民众的剥削日益加深，阶级矛盾十分尖锐，共享空间极为狭窄，人民群众对社会平等和公正充满了理想的憧憬。到资本主义社会，资本对劳动的剥削更是到了无以复加的地步。剥削必然引起反抗。为了维护资本主义的统治，资产阶级采取一系列措施缓和劳资矛盾，提高社会福利，工人可持股并参与企业管理。进入社会主义社会，生产资料的社会主义公有制决定了“共享”是人民群众一项基本的生存权和发展权，中国共产党的性质和执政宗旨决定了我国理应在共享发展方面有更大的作为。共享是一种美德，共享伦理是支撑共享发展的重要道德力量。共享伦理的主旨就是要让全体人民都能够从国家和社会的发展成果中受益，拒绝和排斥只有少数人享受发展成果的奴隶社会、封建社会和资本主义社会。共享伦理具有丰富多样的表现形式，一般来讲，财富伦理、教育伦理、医学伦理、公共服务伦理、慈善伦理、社会保障伦理、环境伦理、扶贫伦理等都属于共享伦理的范畴。教育伦理主要体现为教育的公平性，医疗伦理主要强调医疗资源分配的公正性，慈善伦理的实质实为财富的共享，扶贫伦理强调消除贫困这种道德上的恶，环境伦理倡导推进环境保护、提升自然资源的共享性，这一切都需要通过公平正义的制度伦理来实现。共享伦理将共享作为一个伦理原则来限制追求发展的具体行为，将共享发展的实践置于道德理性的支配之下，使得共享成为引导中国社会发展的价值导航仪。

共享发展以公平正义为价值取向，随着市场经济的发展和社会的急剧变革，共享的价值观尤为符合时代的需要和人民的诉求。就中国的社会主义实践来看，在计划经济时期，倡导理念上的集体主义和分配上的平均主义，共享成为一种价值观；在市场经济年代，“效率优先，兼顾公平”，注重个性的张扬和自我价值的实现，共享的观念曾一度被边缘化，社会甚至也陷入一定程度的对抗。要达成利益的均衡，必须在共享价值的引领下，通过促进实现共同利益和集体利益来实现个人利益，社会公平正义的重要性重新凸显，成为社会主义核心价值观的重要范畴。从这个意义上讲，共享是全体人民的共同价值，坚持公平正义就是坚持共享的社会主义价值观。一要保证发展的稳定性和持续性。在社会主义制度下，发展本身就意味着对公平正义的促进，发展可以改善人民的物质生活和精神生活，可以减少贫困、扩大就业、改善不平等状况。二要保证全体社会成员能够平等地享受社会的经济利益、政治利益与其他权益，促进权利公正、机会公正和规则公正，防止贫富分化，促进社会和谐。三要从发展的根本性价值和共享的可持续性考虑，不仅注重横向的代内共享的公正，也要强调纵向的代际共享的公正。四要从文化的角度弘扬共享价值观。价值观是文化的内核，对文化起着引领作用，一个社会的稳定团结不仅依赖于国家职能的发挥，也需要在经济发展的基础上培育社会认同的文化基础。首先既要发掘传统文化中的共享价值并发扬光大，也要在全社会营造仁爱友善和谐的良好氛围。其次既要有良好的制度设计，也要注重提高公民的道德素养。一个人如果没有较高的道德境界，要让他与别人分享成果是很难做到的；如果没有合理有效的制度设计，一个有较好道德素养的人也可能选择不和其他人共享成果。最后要把共享价值融入公民的思想政治教育中。将共享价值融入公民的和谐文化教育中，实现社会利益和个人利益的平衡，进一步推动社会主义精神文明成果的建设与分享。将共享价值融入人的全面发展教育中，坚持以人为本，强调社会价值与个体价值的实现，促进人的全面发展。将共享价值融入公民的共享共富教育中，明确共建、共享和共富是有机统一的关系，激励人民群众参与创造社会财富。将共享价值融入公民法治教育中，以法律保障公共利益与个人合法权益的实现，在全社会形成遵纪守法的良好风尚，不断推进社会公平正义。将共享价值融入公民的爱心教育中，鼓励人们的社会担当意识和互帮互助精神，鼓励热心公益、关心集体、扶助弱者的友善行为，反对有悖于共享理念的损公肥私和见利忘义行为，以社会主义道德约束个人行为。五要从共享的国际伦理意蕴考虑共享问题，中国要坚持走与全球各国同生共荣、协同进步和互利共赢的发展道路，反对民族利己主义价值观，反对为了本民族本国家的私利而损害其他民族与国家利益的做法，真正彰显中华民族倡导国际共享的道德信念，以及用中华民族自己的国家发展与社会进步成果造福世界各国各民族的道德实践精神与情怀。

（三）坚持人的自由而全面发展的终极追求

共享发展的终极目标和价值追求是人的自由全面发展。科学社会主义的基本原则是实现人的解放，全体社会成员共享社会发展成果是马克思与恩格斯设想的“未来社会”的主要特征。马克思曾在《论犹太人问题》中指出：“任何一种解放都是把人的世界和人的关系还给人自己。”[①]无产阶级以解放全人类为己任，所谓人的解放，就是把人从自然和社会的繁重奴役中解放出来，实现每个人的自由全面发展。共享发展不仅是对马克思、恩格斯“自由人联合体”设想的生动阐释，也是中国共产党人履行历史承诺、全面推进人的自由全面发展的新篇章。毛泽东十分重视广大人民群众的个性自由与民主权利的发展，在新民主主义革命时期就指出要促进“几万万人民的个性的解放和个性的发展”[②]，人的自由全面发展的前提是人首先成为独立的、能够自由支配自身的人。毛泽东在《关于正确处理人民内部矛盾的问题》一文中又强调指出社会主义劳动者应该在智育、德育、体育等方面都得到全面发展。从这个意义上讲，中国共产党领导全国人民进行革命、建设与改革的过程，实质上也是逐步推进共享发展、不断实现人的自由全面发展的过程。人的自由全面发展蕴藏着丰富的内涵，大致包括人的劳动能力提高、人的社会关系的丰富和人的个性的全面发展。具体来看：一是由生产资料和消费资料决定

① 《马克思恩格斯全集》第 1 卷，人民出版社 1956 年版，第 443 页。

② 《毛泽东选集》第 3 卷，人民出版社 1991 年版，第 1060 页。

的人的多样性的需求的满足，人只有在生存需要得到满足之后，才有可能在此基础上不断发展自我和实现自我。二是摆脱旧式分工造成的每个人的片面、畸形的发展，使每个人的天赋和能力得到全面充分的发挥，包括思维能力、从事科学与艺术的能力和管理国家社会公共事务的能力等，使每个人的自然属性、社会属性和精神属性均得到充分提升。三是社会关系的丰富全面。人的本质是各种社会关系的总和，人的全面性是他的“观念关系和现实关系”的全面。人们不仅消费他人的劳动产品，自己的劳动产品也被他人消费，同时也意味着人与人之间形成了和谐、平等的普遍交往关系，人们可以利用所有的人类文明成果发展自己。四是每个人的自由个性的充分展示。每个人的自由个性不再受到局限和压抑，每个人具有选择生活方式的自由和权利，并且具有自主独立选择的能力。

共享发展符合经济社会发展与人的自由全面发展相互促进的规律。马克思主义认为，“自由人联合体”是共产主义新社会的本质特征，在共产主义社会中，经济社会的全面发展和人的全面发展是相辅相成、相互促进的，经济社会的全面发展最终体现为人的全面发展。中国共产党深刻揭示了人的自由全面发展与经济社会发展之间的关系，正如江泽民同志所指出的那样：“推进人的全面发展，同推进经济、文化的发展和改善人民物质文化生活，是互为前提和基础的……社会生产力和经济文化的发展水平是逐步提高、永无止境的历史过程……这两个历史过程应相互结合、相互促进地向前发展。”[①] 经济社会发展是共享发展的物质前提，人的自由全面发展是共享发展的终极目标，二者辩证统一于共享发展的框架之下。一方面，人的自由全面发展的终极追求对共享发展构成一种倒逼的作用，对共享发展起到推动作用。人的自由全面发展的精髓在于充分尊重每一个人的自然属性与社会属性，帮助每一个人挖掘自身的天赋

① 《江泽民文选》第 3 卷，人民出版社 2006 年版，第 295 页。

与个性才能，这就要求通过共享发展来满足各个方面的需求。同时倒逼共享发展着眼于扩大人们的社会活动空间，丰富人们的社会交往关系，拓展人们所享有的各类资源，提升人们独立自主选择的能力，更好地实现人的自由全面发展，体现马克思主义的终极价值关怀。另一方面，人的自由全面发展为共享发展的逐步实现提供强大的支撑和依靠。人的自由全面发展的过程也是每个人的个性得到解放、才华得到施展、能力得到发挥的过程，这样才能激发每个人的能动创造性和主动性，为共享发展提供坚强的人才支撑和智力支持，推动共享发展向更高的水平和层次迈进。具体来讲，在推进共享发展的过程中，要统筹兼顾各阶层各群体各方面的利益，处理好个体发展与他人发展、集体发展、社会发展之间的关系，构建“全民参与、全民尽力、全民享有”的具有坚强凝聚力的社会共同体，为人的自由全面发展营造和谐氛围、创造良好的条件；在衡量共享发展的成败得失时，要以能否促进人的自由全面发展为根本尺度和评价标准，逐步扫除各种阻碍人的自由全面发展的主观与客观障碍。

二、构建共享发展的制度保障

“坚持共享发展，关键是做出更有效的制度安排，加快建构和完善对实现共享发展具有推动作用的制度体系。”[①]制度具有系统性、稳定性和强制性等特点，可以为共享发展目标的逐步实现提供确定有力的保障。共享发展的制度安排是一个系统工程，从宏观层面来看，主要包括经济制度和政治制度。这两项制度从根本上决定着一个社会能否实现共享发展。

---

① 王淑荣、许力双:《共享发展理念的重大意义与实践指向》,《红旗文稿》2016 年第 4 期。

（一）坚持社会主义初级阶段的基本经济制度

实现共享发展，首先必须直面和解决人民群众最关切的贫富分化与收入差距过大的问题，这关系到经济发展成果能否共享的根本性问题。分配问题从根本上还是由生产资料所有制决定的，因此在社会主义初级阶段坚持公有制与按劳分配的主体地位，是促进共享发展的根本制度保障。

1. 坚持公有制经济的主体地位，发挥国有经济的主导作用

共享发展是社会主义制度属性和价值目标的统一，在生产资料公有制的基础上共享经济社会发展成果，最终实现共同富裕，是总结马克思主义发展历史和社会发展规律得出的科学结论。中国在全面深化改革的过程中，必须坚持社会主义初级阶段的基本经济制度，坚持公有制经济的主体地位，才能为共享发展提供制度保证和物质基础。第一，要坚持“国民共进”的格局，努力做强做大公有制经济。公有制可以从根本上保证人民群众对生产资料的所有权，从制度上确保劳动力和生产资料的结合，充分调动人民群众的劳动积极性，快速增加社会财富总量。坚持公有制为主体可以有效防止贫富差距过大。一方面，公有制是按劳分配的制度基础，坚持公有制的主体地位，可以有效遏制当前存在的劳动报酬占比下降的问题；另一方面，公有制企业的收益可以转化为国家与社会的财富，有利于促进普惠性经济的发展，有利于为形成可持续的社会保障制度奠定厚实的物质基础。从劳动者权益保护的角度来看，公有制企业更能保障企业员工的主体地位与合法权益。从农村脱贫致富的出路来看，发展集体经济有利于促进农村经济发展的现代化、规模化和集约化，为脱贫致富提供可靠的保证。当前，中国已经到了从“先富”转向“共富”的时间节点，因此在肯定私有制经济先富效应的同时，应更加注重公有制经济内生的共富机制。第二，要盘活、用好国有资产，发挥国有资产的基础性作用。国有资产是国家进行投资，政府进行管理的经营性资产，需要在市场竞争中实现质的提高与量的扩张，以确保政府在国民经济的关键领域保持主体地位，具有较强的盈利能力，同时还要

规范国企的利润上缴形式，为共享发展提供物质前提，为民生问题的解决提供充裕的资金。同时，盘活并用好国有资产，有助于政府加大对公共服务和社会保障的投入，提升公共服务能力，落实社会保障政策。第三，发挥公有制经济在民生建设中的主导作用。民生建设是共享发展的主要导向，共享发展是民生与经济的协同发展。习近平同志指出，要多推有利于促进公平正义、有利于增强人民群众“获得感”的改革。民生改善是人民“获得感”的最主要表现形式。以民生建设为依托推进共享发展，需要充分发挥公有制经济的支柱作用。一方面，民生建设的资金需要依靠公有制经济的投入。民生建设需要大量的资金投入，尤其是在社会保障和公共服务领域，必须依靠公有制经济上缴的利润来补足。另一方面，公有制经济有助于发挥在劳动者权益保护、失业保障、安全防护等方面的引领作用，提高劳动者基本权益保障水平。再者，公有制经济有助于发挥在生态建设和社会发展方面的主导作用，促进人与社会、人与自然的和谐共享。在追求 GDP 的粗放增长模式下，一些地方展开经济增长的“逐底竞争”，利润导向一度压倒生态环境建设目标和社会发展目标，导致环境恶化，社会问题丛生。公有制经济作为国民经济的支柱产业，不但有确保国有资产保值增值的任务，更要肩负起在保护环境与促进和谐发展方面的社会责任，加大对生态保护和社会治理资金投入的力度，满足共享发展的基础型需求和发展型需求。当前要将公有制经济的发展融入推动共享发展的大格局中，在自身不断发展和不断发挥作用的过程中，真正体现共享发展的时代价值。

2. 坚持按劳分配为主体，确立劳动在生产和分配中的基础性地位

共享发展需要分配制度的保证，“推动共享发展需要正本清源，在‘劳动创造价值’的基本理论之上重构社会主义生产关系的正义基础”[①]。马克思主义政治经济学充分肯定劳动在生产和人类社会发展中的基础性

① 魏波:《以共享理解发展》,《中国特色社会主义研究》2016 年第 2 期。

作用，并深刻批判了资本对劳动的占有和奴役以及由此而产生的异化。马克思指出："只要社会还没有围绕着劳动这个太阳旋转，它就绝不可能达到均衡。"[①] 按劳分配是对资本主义弊病的超越，具有天然的正当性。现阶段，针对国民收入分配中"劳动报酬在初次分配中的比重偏低"的"强资本、弱劳动"状况，要提高居民收入、缩小收入差距、扩大内需、维护劳动者的基本权益，都必须坚定不移地坚持社会主义初级阶段的分配制度，充分体现劳动而不仅仅是资本的价值。

首先，要坚持按劳分配的主体地位，在初次分配领域兼顾效率和公平，努力提高"两个比重"。坚持按劳分配的主体地位不动摇，是共享的前提和制度保证，不仅要将按劳分配视为一种分配形式，也要把按劳分配视为一种体现社会主义本质和制度优越性的公正的分配理念。当前，在分配领域存在着"两个比重"偏低的突出问题，主要原因是资本相对于劳动的强势逻辑。权力渗入分配和垄断带来的过高收入是收入差距扩大的重要原因。因此，初次分配不仅要讲效率，也必须兼顾公平，保证劳动主体参与按劳分配的机会是均等的，努力提高"两个比重"，在全社会营造劳动创造价值的良好氛围，让每位劳动者有尊严体面地劳动。同时，为了改善分配不公的状况，要对垄断收入进行监管，把竞争机制引入垄断企业，使企业工资增长与经济增长之间呈现合理关系，对行业工资总额以及工资水平进行"双调控"。

其次，要制定具体的按劳分配实施原则，采取多种措施保障劳动者的分配权。当前劳动收益较低与按劳分配为主体形成巨大偏差，一个重要的原因就是在如何坚持按劳分配主体地位的问题上，没有制定出具体可行的原则。要真正落实按劳分配，在具体的分配政策中就必须提高劳动要素的价格；要适时调整最低工资标准；健全工资正常增长机制，尤其是要启动低收入者群体工资合理增长机制；要使居民收入增速不低于

① 《马克思恩格斯全集》第18卷，人民出版社1964年版，第627页。

经济增速，劳动报酬的增长与劳动生产率的提高协调共进；要增加工资的福利性水平。确立劳动要素在分配中的主动地位，确立劳动者在分配中的话语权，实质上是一个分配权的问题。当前，我国之所以存在劳动者贡献与收益不平衡、劳动要素价格走低、按劳分配和按生产要素分配比例失衡的问题，劳动者分配权的缺失是一个主要原因。工资协商制度的主体一般是政府和企业，劳动者是“缺位”的，现实中还存在着企业不接受协商结果以及接受了也不执行的问题。在西方发达国家，劳动要素在分配中的占比一般达到40%左右，我国也需要及时制定相关政策。要通过立法保障人民群众的分配权，让工会组织不再“形同虚设”，真正为健全工资协商制度、让劳动者充分表达分配诉求发挥积极作用。

最后，要发挥政府在按劳分配中的积极作用。一是要为企业减负，加快财税体制改革。工资是政府、企业与劳动者三方协调、协商的结果，政府减少企业尤其是中小型劳动密集型企业的税负，可以为企业赢得更大的利润空间，增强企业支付劳动报酬的能力，为提高职工工资水平提供前提。二是要加快工资立法，完善劳动标准体系建设。适时合理调整最低工资标准，健全企业薪酬调整以及信息发布制度，并采取严密措施督察企业严格执行。三是政府要加大再分配的调节力度，健全社会保障、就业、医疗等帮扶救助制度，让更多群众共享发展成果。需要指出的是，强调按劳分配的基础地位，并不是排斥按生产要素分配，只是要确立资本与劳动的合理比例。在分配中，还是要坚持“提低、扩中、调高”的分配导向，采取多种措施扩大群众的财产性收入。

3. 坚持完善社会主义市场经济体制，推动有效市场和有为政府更好结合

发展社会主义市场经济，是我国社会主义基本经济制度的一项创新性内容。政府和市场的关系是我国经济体制改革的核心问题，必须将“看不见的手”和“看得见的手”统筹用好，形成二者相互补充、相互协调、相互促进的格局，为共同富裕提供制度和政策保障。

第一，要正确把握政府功能与市场机制的关系。一方面，要充分发挥市场机制的优势，解放和发展生产力，推动经济高质量发展，助力做大“蛋糕”；另一方面，要发挥好政府的调节功能，弥补市场机制存在的不完全竞争、信息不对称、主体要素禀赋差异、运行存在外部性等缺陷，不断健全生产关系，奠定共同富裕的制度基础。第二，要切实优化市场机制的重要作用。新时代社会主要矛盾已经发生转化，从供给侧来看，亟须解决发展不平衡不充分的问题，提高满足人民群众高品质生活的供给能力和效率。要健全社会主义市场经济条件下新型举国体制，满足人民不断升级的消费需求；要持续繁荣服务业市场，提升人民的服务获取便利度以及改善服务体验。要塑造平等市场主体，营造公平竞争的市场环境。全面落实支持民营经济发展的政策，保证各种所有制经济依法平等使用生产要素。全面完善产权保护制度，加强和改进反垄断与反不正当竞争法，破除地方保护主义，推进保障各类市场主体公平参与市场竞争，完善市场主体司法保护机制。第三，进一步强化政府调节和引导。充分发挥政府在共同富裕中的兜底作用，加大再分配政策的调节力度和精准性。推进区域协调发展，为推进共同富裕创造条件。调节行业间的收入分配，强化重点行业管理，注重调节行业税收，建立健全促进农业行业收入较快增长的长效机制，实现巩固拓展脱贫攻坚成果同乡村振兴的有效衔接。

（二）坚持人民民主的社会主义政治制度

共享发展不仅是一个经济利益的分配问题，也是一个政治权利的平等问题。确保每位公民享有平等的政治权利是共享发展的重要前提和政治保障。确保共享发展的实现，必须不断完善和健全人民民主制度，积极有序地扩大全体公民的政治参与范围，保障公民享有平等的政治权利。

首先，必须坚持和完善人民代表大会制度。人民代表大会制度是共产党领导人民当家做主的政权组织形式和制度安排，是最广大人民群众行使民主权利、实现政治参与的主渠道。一是要改革和完善人大选举制度。改变硬性规定各种比例代表制和硬性规定代表构成的做法，优化代表结构，减少“挂名代表”“哑巴代表”“领导代表”“明星代表”的比例，要逐步解决城市与农村人大代表比例失衡的问题，促进农民的利益表达和政治参与；要逐步地、有条件地扩大直接选举的范围；要在人大代表的选举中引入竞争机制，尽可能地组织候选人与选民见面，回答选民的问题，给选民以选择的空间；要改进现行代表候选人的提名程序，实行参选人报名制度，提升选举的民主水平。二是要完善人大代表联系群众制度，健全人大代表和选民的沟通机制，以及人民群众对人大工作的监督机制。建立人大代表责任制，强化人大代表对人民负责、受人民监督的责任意识，忠于选民的委托，每年定期向选民述职汇报，了解群众意愿，听取群众意见，接受群众评议，也可利用新兴媒体增强人大代表履职的透明度，对于不认真履行代表义务、存在违法乱纪行为的代表要按规定进行罢免；要建立专门机构对人大代表进行监督，受理选民对人大代表的监督和指控，进行相应的组织调查，同时要建立人大代表的政绩考核档案，以备群众质询时了解情况。三是要强化人大的监督制约功能，提升人大监督制度的效能。人大监督是最高层次的监督，是从根本上落实人民的民主权利、确保人民当家做主和参与国家事务管理的重要制度保障。要认真贯彻落实《中华人民共和国各级人民代表人大常务委员会监督法》，完善宪法监督制度，建立宪法保障和监督机制，充分保障宪法规定的公民权利；完善执法检查制度，把法律监督和工作监督有效结合起来；完善审查和批准计划、预算制度，强化审查和批准决算工作，认真审议预算执行情况，建立审查计划、预算草案的修正案制度，确保人大代表有充分的审查权和决定权。

其次，必须积极有序地扩大公民的政治参与，健全协商民主和完善基层民主。协商民主是适应全体人民广泛民主要求的主要路径，要健全协商民主的目标，推进协商民主广泛多层制度化发展，充分发挥“立法协商、民主协商、行政协商、参政协商、社会协商”各自的功能和作用；要把握协商民主的基本内容，保证协商民主的群众性和人民性；要明确协商民主的主体，将国家党政机关、各社会民主党派、社会组织、人民团体以及社会各阶层群众作为协商民主的主体，促进人民群众的广泛民主参与；要遵循民主协商的基本原则，拓展民主协商的渠道，形成民主平台共享、民主网络畅通、人民意愿充分表达，确保获得最佳的政治效益。基层民主是社会主义民主最直接最广泛的民主实践，是基层人民群众行使民主选举、民主决策、民主管理和民主监督权利的主要渠道，是社会主义民主的基础性工作。要逐步建立健全农村村民委员会、城市居民委员会以及国家企事业单位全体职工代表大会等构成的基层群众自治性组织，对这些组织所在地区和单位的公共集体事务及社会公益事业进行民主自治，为基层民主的开展奠定稳固的组织基础；要逐步建立和完善政务公开、厂务公开和村务公开的办事公开制度、新闻发布制度、检举制度、信访制度、群众意见及时反馈制度，为扩大基层群众的政治参与提供基本的制度保障，改善基层选举制度，使外出务工人员能够在实际居住地进行“落地选举”；通过积极开展居民议事会、民主恳谈会以及微信、微博等新媒体途径，拓展广大基层群众政治参与的平台和载体；要运用法治思维和法治方式推动基层民主，培养群众依法行使民主权利的法治意识，加强对基层党政干部的法治宣传和教育培训，建立健全基层民主的法律保障机制。能通过协商民主和基层民主的不断完善和逐步落实，能积极推动全过程人民民主，为人民群众行使基本政治权利提供多种渠道，为共享发展的落地提供制度保证。

最后，必须在全面推进依法治国的进程中促进共享发展。民主与法治密切相关，法治是民主强有力的制度保障。共享发展、依法治国在人民主体、人人平等与为了人民的价值立场方面高度契合。共享发展与依法治国的主体高度契合。人民群众是建设法治国家的深厚力量依托和智慧源泉，是依法治国的力量主体、受益主体和监督主体，党和国家权力机关要在听取人民意见、汲取人民智慧和反映人民呼声与愿望的基础之上，推动法律体系的不断完善和依法治国的不断推进。如果没有人民群众的广泛参与，依法治国就成了无源之水和无根之木，因此，人民主体地位是共享发展和依法治国的共同内涵。共享发展的公正平等取向和依法治国“法律面前人人平等”的法治精神相契合。共享发展就是要实现公平正义，构建权利平等、机会平等和规则平等的一整套公正体系，而这一系列平等要求的实现，从根本上讲依赖于依法治国的推进，依赖于科学的立法、公正的司法与严格的执法来实现。共享发展与依法治国有着共同的价值立场，共享为民、法治为民体现着二者共同的价值取向。共享发展回答了“发展为了谁”的根本性问题，依法治国回答了“法治为了谁”的根本性问题。要落实共享发展的要求，依法治国就必须站在广大人民群众的立场，为人民立法、执法和司法，在保证司法程序公平和每一个具体案件公平的基础上，推进全社会的公平正义。要着力通过法治建设推动共享发展，一是要加强执政党本身的法治化建设，为共享发展法治化提供组织领导保障。不断加强和改进党的建设，打造法治型执政党，完善党内法规体系，用党法党规的有效执行推动共享发展的落实。二是要加强国家的法治化建设，为共享发展提供法律保障。加大民生领域的司法力度，依法公正对待人民群众的诉求；加强国计民生相关方面法律法规的立法和修订工作，对涉及食品安全、公共卫生、环境保护、劳动权益保护等领域的法律法规及时修订，不断完善。三是要加强法治政府建设，为共享发展提供行政执法保障。坚持共享发展的问题导向、目标导向和价值导向，把依法行政贯穿在关注人民生活、健康和脱贫问题上，打造法治服务型政府，真正做到为民亲民惠民便民富民。四是要加强法治社会建设，为共享发展营造学法尊法守法用法的良好氛围。正如法国思想家卢梭所讲的，真正有效的法律并不是铭刻在大理石或者铜镜上，而是铭刻于公民的内心。要在全社会弘扬法治精神，加强法治宣传，让法治成为全民信仰，形成尊法守法的自觉意识，养成依法办事的自觉习惯。加强对领导干部的法制教育，加强学校的法制教育，鼓励社会名流、明星人物、公众人物承担社会责任、做弘扬法治精神的标兵。要建设法治社会，不能忽视道德对法治文化的支撑作用，要发挥好道德的教化作用，增强法治的道德意蕴，用道德的力量唤起民众的社会正义感和守法意识。

三、完善共享发展的体制机制

落实共享发展，不仅需要宏观层面的经济制度和政治制度保障，而且需要具体的体制机制做保证。初次分配、再分配与三次分配的公平机制，精准扶贫和社会救助的“兜底机制”，公共服务均等化的保障机制，教育公平、就业公平和创新创业的动力机制等，决定着一个社会如何把共享发展真正付诸实践、落地生根。

（一）逐步完善共享发展的分配机制

共享发展核心在“共享”，关键在分配，分配公正的程度在很大程度上影响着共享发展成果的实现程度。要实现共享发展，必须完善分配机制，将公正原则贯穿于初次分配、二次分配和三次分配的各个环节。

1. 初次分配：注重机会公平，提高居民收入，缩小个体、地区、行业之间收入差距

（1）注重机会公平，切实提高居民收入水平，健全居民收入与经济发展同步增长的机制。一是完善初次分配中市场化分配机制，充分发挥市场的决定性作用，注重权利公平，消除各种隐性壁垒，让竞争性企业与垄断性企业在市场准入、行政审批等方面具有同等的门槛；赋予每一个人基本相同的发展权利，减弱家庭出身等不可选择性因素对个人发展的影响。二是健全工资集体谈判机制，建立工资正常增长机制与支付保

障机制。职工工资不能只由企业说了算，而要由政府、企业和劳动者一起协商，确立合理的最低工资标准，企业必须不折不扣地执行协商的结果。因此要推进工资集体协商机制的法制化。工资的增幅要与消费指数、社会人均工资、物价水平等挂钩，可以考虑把工资增幅纳入地方政绩考核体系，实现居民收入增长与经济的发展同步。三是充分发挥工会在表达分配诉求、维护劳动者权益方面的积极作用。健全工会组织尤其是加强农民工工会组织的组建工作，真正发挥工会的职能，形成政府、企业、工会和职工“四位一体”的劳动报酬协调协商制度，使职工真正拥有知情权、参与权、分配权，维护劳动者的合法权益。瑞典成功处理劳资关系的一个重要经验就在于构建了一整套完备的劳动法律体系，以及严格的劳资关系实施调整机制。我国近年来劳资关系比较紧张的一个重要原因就是相关法律法规的缺位、缺陷以及贯彻执行的不力。我国应根据转轨时期劳资关系领域出现的新问题，加快《劳资关系法》《社会保障法》《劳动争议仲裁法》《劳动安全卫生法》等法律法规的立法工作；不断改革和完善劳动争议处理制度，一旦发生劳动争议，劳动者可以在诉讼或仲裁中任意选择其中一个，法院裁决或者仲裁裁决即为最终裁决，可以大大缩短解决劳资冲突的时间，降低劳动者维权的成本损失；加强劳动监察和劳动执法力度，目前的劳动监察是被动的“事后回应”，往往在出现严重问题之后才开展执法检查。应该变被动为主动，形成常态监察和重点监察相结合的劳动监察工作制度。四是深入推进公务员和事业单位工资改革，建立科学的公务员和事业单位薪酬增长制度，真正落实提高个税的起征点等税收政策。五是完善公有资产的收益分配制度，可以考虑逐步实施“职工持股计划”，使职工同时获得劳动收入和资本收入，真正享受到企业增值的红利。[①]

---

① 楼继伟:《关于效率、公平、公正相互关系的若干思考》,《学习时报》2006 年 6 月 20 日。

（2）平衡地区利益分配，缩小地区差距。第一，要保护各地区合法的既得利益。虽然具有倾向性的不平衡公共政策是导致地区贫富差距的主要诱因，但是在特定的历史时期，各个地区依靠自身地理、资源、人才和政策优势获得的利益，既合乎法律又没有违反社会主义市场经济的竞争规则，应当予以肯定和承认，否则既会打击东部沿海地区的积极性，也不利于先富起来的地区帮助后富地区的“两个大局”战略的实施，不利于缩小地区差距。第二，在目前的形势下，尤其是在共享发展的导向下，中国的政策正在从“先富”向“共富”转型。在保持东部沿海地区发展优势的前提下，地区优惠政策需要从东南部向中西部转移，加强对中西部落后地区和东北老工业基地的支持和开发，在公共政策上给予这些地区以倾斜、补偿和优惠。在 2016 年国家中心城市的评选中，中西部地区有郑州、西安、成都、重庆四个城市入选，这必将发挥辐射效应，在产业优化、科技创新、人才聚集等方面，逐步缩小与东部发达地区的差距。第三，从机会均等与制度供给的角度，逐步降低义务教育的地区差别，推进教育资源的均等化。教育是对未来的可能性分配，根据明瑟收益率，教育程度与收入水平密切相关。政府可通过政策的统筹安排，逐步消除户籍制度和区域差别所带来的区域隔离、城乡分隔，让公民“用脚投票”，通过人力资源的流动来平衡区域之间的教育资源差别。

（3）深化国企和垄断行业改革，对垄断行业的收入进行规范，缩小行业差距。第一，要将竞争机制引入垄断行业改革，使垄断行业的收入分配在市场竞争中逐步趋于合理。要建立垄断企业收入增长的约束机制，加大对企业薪酬体系的监管与控制。使企业薪酬与企业经营绩效、物价指数、消费指数、职工平均工资水平和劳动力市场价位挂钩，对垄断企业高管的收入进行“限高”，兼顾普通员工的利益。一方面缩小垄断行业与传统竞争性行业的收入差距，另一方面缩小垄断行业内部的收入差距。第二，要发挥价格和税收在收入分配中的调节作用。譬如，可以通过征收资源税、补偿税，减弱垄断行业对一些市场和资源的垄断，将超额利润上缴国家，遏制收入分配差距的继续扩大。

2. 二次分配：完善财税制度，发挥公共政策和社会保障在收入分配中的调节作用

（1）改革和完善税收制度，形成有效调节收入差距的税收机制。第一，要优化税收征管制度，改变税收的“逆向”调节。目前工薪阶层是纳税的主力军，高收入阶层个人所得税流失严重。要适度提高个人所得税的起征点，变“累退制”为“累进制”。第二，要拓宽税种，摆脱单一税种对收入分配调节的有限性。财产税是对财富存量具有调节作用的税种，有利于促进起点的公平，具体包括房产税、遗产税和赠与税等。遗产税和赠与税目前在我国处于“缺位”状态。房产税在上海市、重庆市进行试点，上海市采取的是差别化的比例税率，体现了公平性，可考虑在全国扩大房产税的试点范围，考虑在合适的时候开征遗产赠与税，抑制“马太效应”。第三，要通过减免税收的优惠政策，减轻中西部落后地区和其他低收入地区的财政压力，促进落后地区早日脱贫。十年前农业税的取消，大大减轻了农民的负担，得到了农民的支持和拥护。第四，要依靠宣传和法律等手段，健全税收监管机制。通过舆论宣传，强化纳税主体依法纳税的法律意识，加大对偷逃税款行为的惩戒力度；要加强对个人所得税的监管，针对一些高收入阶层隐蔽收入使个税流失的现象，要进行专项检查，并建立税收档案。

（2）充分发挥财政的转移支付功能，提高财政的公共支出水平，优化公共支出的结构。第一，要提高财政的公共支出水平，优化公共支出的结构。在共享发展理念下，政府职能要由经济建设型向公共服务型转变，财政体制也要相应地向“公共财政”转变。要建立透明度高且比较规范的新型财政转移支付制度，使得全国各地居民都基本能够获得最低标准的公共服务。第二，要适度缩小专项转移支付以及税收返还的规模和比例，合理扩大均等化转移支付的规模及其比例，不断拓展财政贴息、财政补贴等转移支付的形式。第三，要增加对欠发达地区和弱势群

体的转移支付。在共享发展理念下，财政转移支付一方面要注意“补短板”，另一方面要坚持民生导向，加大与民众生活密切相关的教育、医疗、社会保障、住房等基本生活的财政支出比例。

（3）按照“补短板”的要求，逐步完善以覆盖全面、待遇补偿和资金筹措为目标的社会保障体系。社会保障是一种互助共济的利益补偿机制，天然地具有分配正义功能。第一，要做到社会保障“全部覆盖”，主要包括对象、过程和类型的“全部覆盖”。对象的“全部覆盖”主要是要做到全民共享，特别是必须把那些由于政策或制度缺失而被排斥在社会保障之外的人群重新纳入社会保障的范围，譬如农民工群体等。过程的“全部覆盖”，主要是为流动人群提供社会保障路径转换的方便，方便社会保障项目在城乡之间、地区之间自由转移、流动和接续。这也是服务型政府的一项重要内容。类型的“全部覆盖”主要是为了服务新的社会阶层，解决一些自由职业者的社会保障“挂靠”问题，进一步扩展社保类型，逐步满足不同人群的社保需求。第二，逐步完善待遇补偿机制。考虑到物价上涨、通货膨胀等因素，最低生活保障的标准也要随之适当调整，增强社会保障的有效性。第三，拓宽社保资金的筹集渠道。总体上要坚持权利和义务相结合的原则，筹资责任由政府、个人和社会共同分担。提高财政对社会保障的投入比重，调低个人的社会保障缴费比例，拓宽社会投资渠道。

3. 三次分配：规范慈善组织建设，完善慈善组织领域的法律和制度

三次分配是一种社会分配机制，相对于社会保障的“被动共享”，慈善事业是基于伦理道德和社会责任基础上的“主动共享”，是以社会捐赠为主要手段的社会财富再分配，可以填补前两次分配遗留下来的“真空地带”，有利于促进阶层互助和社会和谐。针对我国慈善事业存在的一系列问题，第一，政府要保证慈善事业的独立性，确立慈善组织独立的法人地位，对慈善事业进行积极支持和引导。加强慈善组织的行业

自律和能力建设，提升慈善组织的整体素质，促进慈善组织向专业化方向发展，以增进慈善组织的公信力。第二，要完善相关税收制度，增强对慈善事业的税收政策激励。在我国，对慈善事业的税收激励存在明显不足，大大抑制了企业捐赠的积极性和热情。因此要利用税收杠杆进行调节，对慈善捐赠予以减免税收或提供优惠。中国在遗产税方面的缺位，导致难以起到相应的税收激励作用。因此，应当在条件具备的时候，考虑开征遗产赠与税，引导富裕阶层“富而有为”。第三，要逐步完善慈善领域的法律和制度。一方面，要对慈善组织的双重审批和注册等准入制度进行改革，减少审批程序，采取直接注册或备案的制度，使慈善组织的队伍不断壮大；同时要逐步健全慈善组织的行业评估、分级监管、信息统计和财产管理制度，使慈善组织的正常运行有章可循。另一方面，要用法律制度规范慈善组织的资金筹措、管理和使用，坚决避免占用、挪用善款的行为。“郭美美”事件说明民众对慈善组织善款的使用规范持不信任的态度，必须确保善款的使用规范透明。2016 年《中华人民共和国慈善法》的颁布实施，为慈善事业的整体运行提供了法律指导和规范。第四，要推动慈善文化的普及和教育。在全社会宣传和传播慈善意识，鼓励群众参与到慈善活动中，促进慈善文化的大众化。挖掘中国传统文化中与慈善相关的内容，并对其进行创造性转化和创新性发展，与现代慈善文化相结合，树立慈善的价值观，把慈善文化建设融入践行社会主义核心价值观的过程中，使我国的慈善事业持续规范发展。可以考虑卢德之先生所建议的，设立家族慈善基金会，推进慈善精神的传承。

（二）建立健全共享发展的“兜底”机制

改善民生是共享发展的一项重要任务。要顺利实现这一目标，必须确保最基础、最低层次共享的实现，保障人民最基本的生存权，对改革中利益相对受损的阶层或群体予以救助或补偿。

1. 巩固脱贫攻坚成果，健全扶贫长效机制

能否解决贫困问题，是能否实现全社会共享发展最关键的一步；实施反贫困战略，是确保贫困人口共享发展成果的重要举措。2021 年 2 月 25 日，习近平总书记在全国脱贫攻坚总结表彰大会上庄严宣告，我国脱贫攻坚战取得了全面胜利，区域性整体贫困得到解决，完成了消除绝对贫困的艰巨任务。在新发展阶段，我们既要总结经验，巩固脱贫成果，也要努力将脱贫后巩固脱贫成果的工作与乡村振兴工作有效衔接，扎实推进共同富裕。

中国的脱贫攻坚战能够取得胜利，主要是实现了几个转变：一是思想认识上的转变，扶贫不是一种同情或怜悯，而是一种补偿。贫困人口是社会资源的共同占有者和创造者，是社会劳动力要素的关键组成部分。在一定程度上来讲，中国贫困人口的贫困并不是因为他们的愚昧或懒惰，而是长期实行城乡二元体制的结果，是一种历史的欠债。二是扶贫理念上的转变，从救济性扶贫向开发性扶贫转变。扶贫先扶志，消除了一部分贫困人口的依赖意识，变直接“输血”为构建“造血”机制，因地制宜，通过产业开发、项目引进，使一部分人通过就业来脱贫，当然要注意保护当地的生态资源，不能为了“金山银山”牺牲“绿水青山”；扶贫更要扶智，开发式扶贫的重心要从以开发自然资源为主转向开发人力资源为主，通过加强对贫困地区与人口的人力资源投资，因人而异，对农民进行思想教育、科技培训和健康教育，把扶贫的内涵从经济扶贫拓展到能力扶贫、文化扶贫和权利扶贫，真正从根本上提升了劳动力的素质。三是扶贫策略的转变，即从粗放型扶贫向精准型扶贫转变。新时代我国扶贫形势已经发生了新的变化，党和国家及时改变了不深入调查研究的粗放式扶贫方式，开展集约化、精准化扶贫。以往一些地方靠主观“估测”进行人情扶贫、关系扶贫，产生扶贫目标不准的“应扶而未扶”“扶富不扶穷”的不公正现象，真正需要救助的人群没有享受到社会福利，不能体现社会主义共享的本质要求，没有做到真扶贫、扶真贫。习近平总书

记指出："扶贫开发贵在精准，重在精准，成败之举在于精准。"[①] 针对扶贫目标不清、对象不准、效果不佳的问题，一方面抓扶贫对象、资金使用、项目安排和措施到户的精准，另一方面坚持因贫困原因、贫困类型具体分类施策，在精准推进上下苦功下实功，取得了实效。四是扶贫方针的转变，从扶持贫困地区向扶持贫困人口转变。地区贫困是宏观贫困，家庭和人口贫困是微观贫困，要逐步实现从宏观向微观的转变，增强扶贫工作的精细化程度，着力解决"机会享有贫困"和"发展能力贫困"等多维贫困问题。把政府作为扶贫工作的主体和责任人，建立全社会扶贫机制，明确各部门和各行业的目标和责任，坚持广覆盖、不遗漏原则，快速启动扶贫机制，提高扶贫资金使用效率、强化扶贫资金监管。及时建立扶贫追踪机制，防止一部分人在短时间内脱贫后，因病、因灾、因学而返贫。总之，在新时代，党和国家将开发式扶贫、搬迁式扶贫、救助式扶贫和社会保障"兜底"式扶贫予以整合，探索多渠道、综合性、系统性的扶贫制度和机制，为打赢脱贫攻坚战提供了保证。

新发展阶段，我们要做好防止返贫与共同富裕的对接工作，将共享共富融入乡村振兴战略。一是要逐步实现由集中资源支持脱贫后向全面推进乡村振兴平稳有序过渡。习近平总书记强调："脱贫摘帽不是终点，而是新生活、新奋斗的起点。"[②] "我们要切实做好巩固脱贫攻坚成果同乡村振兴有效衔接各项工作，让脱贫基础更加稳固、成效更可持续。"[③] 乡村振兴并非另起炉灶，而是建立在脱贫攻坚取得胜利的基础上。要构建社会主义现代化新农村的产业体系，实现从产业扶贫到产业振兴转变；培育人才队伍，实现从扶贫骨干到人才振兴转变；建设文明乡风，实现从文化扶贫到文化振兴转变。二是促进脱贫地区产业提档升级，促进脱

---

① 《习近平在部分省区市党委主要负责同志座谈会上强调：谋划好"十三五"时期扶贫开发工作 确保农村贫困人口到2020年如期脱贫》，《人民日报》2015年6月20日。

② 习近平：《在全国脱贫攻坚总结表彰大会上的讲话》，《人民日报》2021年2月25日。

③ 习近平：《在全国脱贫攻坚总结表彰大会上的讲话》，《人民日报》2021年2月25日。

贫地区乡村特色产业发展壮大。在此前的扶贫工作中，产业扶贫是脱贫攻坚的重要支撑，但是存在规模小、链条短、抗市场风险能力弱的问题，因此在脱贫后有必要进行再造和升级，构建现代农业产业体系，健全农业社会化服务体系，与贫困群众建立更稳固的利益联结机制。深化农村土地制度改革，推进农村承包地“三权分置”改革，提高农户的组织化程度，增强风险抵御能力；推动农业科学技术创新，打造现代农业产业园、返乡创业园和田园综合体等，建设粮食生产功能区，特色农产品优势区，提高农业生产全要素生产率，延长产业链，提升价值链，完善利益链。三是广泛动员社会力量，积极支持和参与乡村振兴。脱贫后向乡村振兴过渡的关键在于人才的振兴。要探索建立职业农民制度，大力推进农民职业化，促进劳动力资源在更大范围内的优化配置。积极引进人才，鼓励各类人才资源向农村流动，鼓励专业人才、党政人才下乡服务的政策；实施高校毕业生乡村成长计划，做好引进人才的配套工作，激发乡村人才的创造活力。四是统筹推进农村人居环境改善和乡村治理，打造美丽乡村。生态振兴是乡村振兴的重要支撑点，要通过培育生态农业，促进从生态扶贫到生态振兴转变，实现乡村美丽与富裕同行。要强化基层党组织在生态振兴中的引领作用，加大农村基础设施建设和农村资源环境保护，扎实推进农村环境综合整治；拓展乡村生态产业发展空间，因地制宜发展新型生态农业。

2. 守住共享底线，完善社会救助机制

在脱贫后，为了防止返贫，应当对丧失劳动能力的鳏寡孤独残疾人群提供“托底”的社会救助，确保共享的底线公平。政府要承担起共享发展“兜底”的主体责任，无论任何时候共享发展的“底线”都不能突破。社会救助是社会保障的重要组成部分，其对象主要是社会的低收入人群和困难人群，目标是扶危济贫、救助社会脆弱群体，一般被视为“最后一道社会安全网”，对于保障公民基本生存权利、促进社会公平正义具有重要的作用和意义。新中国成立之后尤其是改革开放以来，我国在客观上已经基本建立了社会救助体系的框架，保障了城乡绝大多数困难群众的基本生活，为人民群众共享发展成果奠定了坚实的实践基础。然而，我国的社会救助依然存在很多问题，亟须通过制度整合等措施，逐步建立城乡一体的、多种救助机制相结合的新型社会救助体系。一是要增强社会救助的公平性，建立与经济发展水平相适应的城乡一体的社会救助体系。社会救助的首要原则就是公平，要逐步消除由于户籍、社会地位、职业等身份的不同所导致的不平等，向农民、农民工、被征地农民、残疾人群体和城市无业人员、灾害频发地区群众等特殊困难的群体倾斜，防止出现贫困的代际复制。从制度上看，传统的社会救助形成了“制度分割”，就低保制度而言，我国既有农村居民的最低生活保障制度，也有城市居民的最低生活保障制度；就社会救助制度来说，我国既有农村的“五保”供养制度，也有城市居民的社会救济制度，但是针对农民工的社会救助制度十分薄弱。因此，新型的社会救助体系应该是统筹城乡和不同群体、不同区域，真正实现制度的公平。二是从长远角度看，要不断扩充社会救助的内容，提高社会救助的水平，实现社会救助的可持续发展。社会救助除了养老保险、医疗保障之外，还要加上全面推进基本公共服务均等化，基本解决城乡居民的生活后顾之忧。社会救助必须纳入各级政府的社会发展规划和财政预算，随着经济发展水平的提高逐步提高社会救助水平。三是要从法律层面保障灾害救助的实行。国家先后颁布的《国家自然灾害救助应急预案》《中华人民共和国突发事件应对法》等法律法规，为灾害救助提供了法律保障。四是要逐步完善社会救助的管理体制，坚持政府主导与社会广泛参与相结合，确立以乡镇、社区、街道为基础的社会救助运行机制。五是要建立健全教育救助、住房救助、就业援助、心理救助和司法救助等一系列专项救助制度。住房救助主要是为了确保低收入群体的居住权。政府应该遵循“适宜保障”的原则，有步骤、有层次、渐进性地解决低收入家庭的住房问题。可以借鉴发达国家的经验，设立专门的住房保障管理机构，对廉租住房、公共租赁住房和经济适用住房的运作实行统一管理，设计完善的保障性住房准入、审核与退出机制，对公共住房的准入进行严格审核，对廉租房、公共租赁房的申请人及资格审查合格者进行网上公示，接受社会监督。

（三）建立健全共享发展的保障机制

基本公共服务均等化是社会公平正义的内在要求，是发展的社会属性的重要内涵，是公民的一项基本权利。公共服务均等化不是平均化，而是使公众享受公共服务的机会基本均等和结果大体相等，完善的公共服务机制是人民共享发展成果的重要保障。现阶段我国基本公共服务的主要内容大体包括义务教育、基础设施、基本医疗、就业机会等方面。当前人民群众对公共需求的快速增长与公共产品与服务供给不到位、不平衡之间的矛盾是我国社会的主要矛盾之一，主要体现在：公共服务产品总量不足，分配严重不均衡，资金投入严重不足，政府的公共服务性职能难以适应人民群众日益增长的社会公共需求，需要从以下几个方面着手予以改进。

1. 健全基本公共服务均等化供给机制

供需矛盾是公共服务均等化的核心问题。我国在基本公共服务的供给方面存在着供给总量不足、供给结构不均衡和供给主体单一等问题，成为推进基本公共服务均等化的主要障碍。要消除这些障碍，首先要增加基本公共服务的供给总量。无论是从国际上比较，还是从经济社会发展的需要来衡量，由于历史欠账等原因，我国的基本公共服务还不能满足人民群众的基本需求，因此必须提高该项支出在财政支出中的比重。其次要实现基本公共服务制度的一体化，建立城乡统一的基本公共服务供给制度。公共服务一体化建设应该以农村公共服务体制建设为突破口，在服务组织上实现“政策统一、标准统一和制度统一”，政策和制度不能再实行城乡有别的二元化制度，而是对全体民众一视同仁。建立城乡统一的教育体制，使农民工子女和所在城市义务教育阶段的孩子享受同等政策，逐步缩小城乡义务教育办学条件和教育质量的差距。要建立覆盖城乡居民的医疗卫生保障制度，坚持以突出基本、基础和基层为改革重点，深化医疗卫生体制改革，提高全民健康水平。要建立城乡一体的基本社会保障体制，最低生活保障制度不再区分城市最低生活保障制度和农村最低生活保障制度，而是实行城乡一体的国家最低生活保障制度。这种保障制度不再基于户籍、地域将人们划分为不同群体，并规定和赋予不同的待遇，而是以同一的制度向全民开放，在同等条件下人们自由加入或者自动享有。最后要推动基本公共服务的供给主体由政府一元向多元供给转变，由国家、市场和社会共同构成基本公共服务供给体系。在提供基本公共服务方面，政府理所当然居于核心和主导地位，通过征税权履行公共服务职能。但是，由于缺乏竞争机制，政府在提供公共服务方面还存在成本较高、效率较低、有效供给不足等问题。因此，在基本公共服务的某些领域，可以由政府主导，鼓励并引导市场和社会力量参与。在明确政府是基本公共服务供给最终提供者的前提下，可以考虑将生产过程交由市场主体来承担，可以采取合同承包、招标采购、特许经营、政府参股等多种形式，营造公平竞争的市场环境。公民也是基本公共服务供给的重要主体，可以改变基本公共服务“自上而下”的供给决策机制，通过“关键公众接触”、公开听证、公民调查和咨询委员会等渠道，“自下而上”地表达公民对公共服务的真正需求，建立公民偏好的表达机制。同时，要逐步建立基本公共服务供给的私人供给机制，政府应消除对私人供给的歧视、增加对私人供给的补贴、放松对私人供给的约束、加强对私人供给的引导，以提高私人供给的有效性。还要建立公民对基本公共服务供给的绩效表达机制，在服务供给过程中建立一种监督与反馈机制，使决策者了解公民对公共服务的满意程度，并将其作为政策调整的重要依据。

2. 健全基本公共服务公共财政管理机制

公共事业的发展主要依赖于公共财政的支持。公共财政调节作用的发挥，不仅取决于公共财政投入的总量，而且取决于公共财政投入和使用的有效性。目前，我国的公共财政制度主要存在以下几个方面问题：一是在基本公共服务均等化的过程中，存在着财政供给不均的现象。二是地方财政辖区内分配不均会拉大城乡以及不同社会群体之间的差距，加剧社会不公。三是中央和地方对公共服务的财政支出分担比例失衡，中央和地方的财权和事权不相称，基层政府无力承担基本公共服务的供给。实现基本公共服务均等化不是简单地增加政府开支，而是要进行广泛而深入的改革。

要健全财力和事权相匹配的财税体制。一要合理划分各级政府提供基本公共服务的事权。依据公共产品的性质和外溢性大小划分各级政府事权，科学界定中央与各级地方政府的支出责任。全国性和区域性外溢效应比较强的公共产品，由中央政府提供；地方性公共产品和区域性公共产品由地方政府提供；一些具有外溢性的地方性基本公共服务和与民生直接相关的基本公共服务由中央政府和地方政府共同提供。二要确保各级政府的财权和事权相对应相匹配。调整和规范中央和地方的财政收入划分，适当扩大地方政府的财权。为确保基层政府对农村公共服务的供给，可以适当降低中央财政占全国财政收入的比重。合理界定中央和地方的税收管理权限，扩大政府间收入划分的覆盖面，保证各级政府有行使职责的财力。譬如可以考虑将预算外收入纳入预算管理，适当调整共享税分成比例等。三要加强县和乡财税体制的改革。探索推进省直管县的财政管理体制，减少财政管理层级，提高行政效率和资金使用收益。积极推进乡镇财政管理体制改革试点，规范和加大县对乡镇的财政转移支付。四要建立可持续的农村公共服务财政支持机制。把合理的政策性安排转变为制度性安排，把更多财政资金投向农村公共服务领域，扩大公共财政覆盖农村的范围，建立对农村公共服务的单项财政保障制度，建立健全财政支农资金稳定增长机制。五要完善财政转移支付制度，优化转移支付结构。逐步取消税收返还，提高一般性转移支付的比重。我国的税收返还（包括所得税技术返还）规模巨大，属于非均等化的转移支付方式。可以设定一个过渡期，逐步取消税收返还。一般性转移支付是实现基本公共服务均等化的最主要路径，要改变我国目前单一的纵向转移支付模式，结合当前的东部发达地区对中西部落后地区的对口支援制度，逐步规范横向转移支付模式。进一步加大对"老少边穷"地区的转移支付力度，优化转移支付的空间结构。要进行转移支付的均等化绩效评估，对各项转移支付的均等化效果和对地方政府的财政努力激励作用展开计量研究。要加强专项转移支付资金的监管，提高专项转移支付资金的使用效益，确保转移支付资金用于基础教育等基本公共服务领域。六要加强相关法规建设。从世界其他一些国家的经验看，政府间责权利关系都是建立在宪法或者相关法律的基础上的。中国政府间责权利关系，也需要发挥国家立法的作用，以宪法为根据，建立和完善包括政府组织法、预算法、财政法、转移支付法、税法等在内的法律，为分税制的运行和转移支付的规范化、透明化奠定可靠的法律基础。

3. 逐步完善政府的公共服务职能

公共服务是政府的重要职能。实现政府从管制型向服务型、从经济建设型向公共服务型的转变是提高政府公共服务供给效率、实现基本公共服务均等化的主要保障。首先，要转变政府的角色，树立服务行政理念。在很大程度上，我国公共服务领域存在问题的根源，在于政府转型滞后造成的政府公共服务职能缺位。多年来，人们到政府机关办事颇有办事难、流程多的感喟，而服务型政府的主旨就在于凸显政府施政目标的服务导向和服务功能，体现政府从管制人到服务人的转变，在社会公平的基础上更加强调社会责任和民生价值。要实现政府从政府本位、官本位向社会本位和民本位的转变，必须树立"公共意识"，坚持公众需求导向，扩大政府决策的公共参与，扩大公众对政府公共服务的社会评价。其次，要明确政府职能地位，合理划分财政支出。增加政府的公共性服务支出，满足当前迅速增长的公共服务需求。明确界定各级政府在公共服务领域内的职能定位，创建从中央到地方的完整服务体系，防止上下错位、职责不一，并通过法律、法规等正式文件作出规范划分，防止随意变动。应合理安排公共财政的支出结构，加大对基本公共服务的投入力度。要积极推进基层政府公共服务职能的扩大，明确县乡各级基层政府的功能以及公共服务的范围，构建农民与国家的政治联系，建立起纵向集中与渗透、高度统一的治理体制。必须使政府的力量渗透到乡村的每一处，使基层政府的服务职能广泛覆盖公共服务的各方面，机构设置的基本原则是要与乡村治理必需和必要的公共管理与服务相对应，而不只是与上级政府机构和职能相对应。再次，要加快行政管理体制改革。加强政府公共责任，在坚持公共产品供给机制多元化的同时，防止过度公共服务市场化。在基本公共服务社会化和市场化的过程中，政府必须对市场主体和社会主体进行监管，同时不能把政府该承担的责任抛向市场。要大力推进公共服务的法制化建设，在国家相关立法中进一步明确政府公共服务的职责，通过一系列实体法和程序法的建构，为公共服务提供制度性的保障。要强化法律规章的实施，进一步强化对公共服务型政府的规范和监督，增强政府的责任意识和法制意识。最后，要建立以公共服务为导向的政府绩效评价体系。绩效评价是保障基本公共服务供给效果的重要手段。应当加快政府公共服务绩效评价，并且形成定期公开报告制度。这样做，在为政府改善公共服务提供决策参考的同时，还可以有效地满足公众的信息需求。要建立多层次、多元化的政府绩效评价组织。评价主体应该是多方面、多渠道的，可以考虑组织政府工作人员、人大代表、政协委员、专家学者等组成的综合性政府服务绩效评价委员会，负责指标制订、信息整理、评价鉴定以及综合协调等工作，确保评价工作公正公平。要建立健全基本公共服务评价体系。该体系应该包括义务教育、基本医疗和公共卫生、社会保障、公共就业服务等方面的单项和综合评价，还要完善包括目标制定、执行和评价等环节的评价程序，建立相应的制度框架，保证评价体系发挥应有的作用。

（四）逐步完善共享发展的动力机制

世界多数国家的发展证明，劳动者受教育的程度与他们的收入水平呈正相关；教育程度较高的劳动者具有相对较高的边际生产力，因而可以带来较多的边际收益。教育是对未来的可能性分配。坚持教育公平与就业公平的良性互动，可以为共享发展的推进提供持久动力。

1. 逐步完善教育公平机制

教育公平是社会公平的基石，确保每个公民的受教育权是政府不容推卸的责任。推进教育公平，就应在整体上要确立公平的价值取向，统筹城乡教育资源配置，合理分配教育资源，促进办学主体多样化，扶助教育弱势群体，保障教育机会、教育政策和教育环境的公平。

首先，推进教育机会的公平。要确保社会成员教育起点的公平。一是要坚持义务教育阶段教育权利的完全平等原则。义务教育是每个公民最基本的受教育权利，也是每位社会成员正常生存和发展的前提条件。二是要坚持教育公共投入的合理配置和对弱势群体教育权利的补偿原则。针对我国教育发展不均衡的现状，要本着统筹城乡发展、统筹地区发展的思路，合理配置教育资源，将公共教育资源的投入向中西部地区、边疆地区倾斜；对教育中处于不利地位的群体，要通过健全法律法规确保他们的受教育权，依据利益补偿原则，对弱势群体则应采取直接和间接的教育救助，建立高效有序的教育救助运行机制。三是要加快职业教育的发展。一方面，给由于种种原因不能或不愿上大学的孩子提供继续接受教育的机会，为他们以后就业谋生奠定基础；另一方面，针对就业市场中大学生饱和、职业技术人才缺乏的状况，制定缓和就业结构性矛盾的政策。

其次，推进教育公共政策的公平。一是增加国家教育经费在财政总支出中的比例，确定公平合理的教育投资结构。对教育资源的分配要坚持均衡公开的分配方式，公平对待城镇与农村的教育经费需求、公平对待同一等级学校的经费需求，加大对贫困地区和基础教育的经费投入，优化整合教育资源的区域分配、城乡分配、内部结构分配，促进教育的全面均衡发展。二是鼓励社会力量参与办教育，促进办学主体多元化，赋予民办学校平等的竞争机会。完善民办教育立法，赋予并保障民办学校的自主权。日本有专门的《私立大学法》，这使得日本的私立学校的发展完全以法律为依据。我们可以在借鉴日本做法的同时，给民办院校切实的扶植和优惠政策，完善政府资助体系。提高民办学校师生待遇，在科研申报、职称评审等方面，给予与公办学校的老师同等的权利。三是坚持非义务教育阶段教育权利的比例平等原则，适当改革高考录取制度，给不同地区的考生公平的接受高等教育的机会。非义务教育阶段具有“选拔”功能，应坚持“差异公平”原则，在坚持教育起点和教育过程机会平等的基础上进行公平竞争。教育部门应按各省人口比例分配指标，依照分数高低平等录取，而不是按照户口所在地划分指标。对于具有招生自主权的高校，录取标准可以结合实际多样化，但是公平的原则是首要的。

最后，保障教育环境公平。一是创新教育管理机制，着力解决流动人口子女的受教育问题。为流动人口子女提供平等受教育权的机会是《义务教育法》明确规定的。国家一方面要建立农民工子女接受义务教育的经费筹措保障机制，对农民工子女较多的学校、打工子弟学校给予更多的财政补贴；另一方面农民工流入地政府要严格依据法律法规，确保农民工子女的受教育权，构建无差别和歧视的教育环境。二是改革户籍制度，统筹城乡教育发展，对“择校费”“借读费”“赞助费”等违背教育公平原则的不合理收费进行规范管理。三是采取有效措施，解决高校学费高、就业率或就业质量低的问题。教育是许多贫困家庭子女改变命运的机会，但目前存在着高昂教育成本和较低就业率的矛盾，问题的关键在于专业设置与市场脱节和就业环境不平等。高校应通过调整专业设置、为贫困家庭子女提供就业指导等多种途径解决这个矛盾，以就业公平促进教育公平。

2. 逐步完善就业公平机制

就业是基础性民生中的重要问题。就业公平与否关系到劳动者的基本人权和社会公平的真正体现，关系到发展成果能否共享。就业也是民众获取收入的主要途径，一个家庭如果没有一个“体面”就业的人，共享经济社会发展成果就只是“空中楼阁”。要推进就业公平，提供充分的就业岗位是必要前提。改革开放尤其是确立社会主义市场经济体制以来，我国的经济得以快速增长。然而粗放式的发展方式并没有带来相应就业岗位的增多，就业弹性（衡量经济增长与就业增长的关系的重要指标）严重不足，就业总量问题与结构性矛盾并存，一方面经济快速增长与就业总量不足并存，另一方面劳动力数量充裕和劳动力素质不高并存。要解决上述问题，转变经济发展方式，促进经济发展与扩大就业的良性互动是关键。因此，政府适时调整了发展战略，从增长优先向就业优先转变，缓解“强增长、弱就业”的不良态势，为成果共享提供了前提与保证。在就业问题上，扩大就业是前提，公平就业是关键。要推进就业公平，就要坚持就业的起点公平、过程公平与规则公平相结合。

首先，坚持就业优先，促进充分就业。就业优先战略是联合国于20世纪90年代中期提出的一个重要行动策略，我国自20世纪末以来也一直把促进就业置于国家经济社会发展的优先位置。要贯彻就业优先战略，主要应从以下几个方面努力：一是稳定现有企业的就业吸纳能力。在节能减排的背景下，许多企业面临生产经营的严峻挑战，要鼓励企业“不裁员或者少裁员”以稳定就业岗位，必须采取一系列经济、法律和行政方面的优惠政策，采取减少企业税费、降低企业社会保险费、对不裁员的企业给予社会保险补贴和岗位补贴、使用就业专项资金支持困难企业开展在岗培训等措施，实现援企稳岗的目标，同时给予招用就业困难人员的企业予以社保补贴。二是大力扩增新的就业岗位。在稳岗的基础上，还要努力发展就业容量大的行业、企业。调整产业结构，大力培育就业容量大的新型消费产业；提升传统制造业，发展就业吸纳能力强的新兴产业，找到就业岗位新的增长点。三是以自主创业带动充分就业。在创新驱动发展的国家战略下，自主创业具有得天独厚的政策环境和社会氛围，要鼓励劳动者尤其是大学毕业生、返乡农民工和下岗失业人员采用多种灵活形式实现就业和再就业。各级政府要不断清除各种妨碍创业的制度性壁垒，为创业者提供各种优惠和减免政策，降低创业者的创业成本。实施有针对性的创业优惠政策，对返乡农民工实施特别职业培训，对大学毕业生实施小额贷款贴息、税收优惠等扶持政策，对失业人员落实小额担保贷款政策，更好地帮助不同类型的创业者走上创业成功的道路，以扩大就业推动共享发展。

其次，推进就业公平，坚持就业起点公平、过程公平、规则公平相结合。就业起点公平主要通过发展教育，不断提升劳动力素质和人力资本水平来解决。教育水平与就业水平有着直接的关联，一般情况下，受教育程度越高，就业质量就越高。高等教育大众化的推进，从整体上提高了我国劳动力的知识技能和水平。但是，目前我国存在着教育资源分布不均衡的状态，尤其是在高等教育领域，优质教育资源分布的地区差距较大。“寒门子弟上名校的比率逐年降低”等信息屡屡见诸报端，边远贫困地区孩子在高考竞争中居劣势，因此必须从提高贫困地区的教育质量入手，推动高中阶段义务教育的普及，扩大名校对农家子弟的招生比例，真正实现以教育改变命运，在教育公平的基础上促进就业的起点公平。就业过程公平和规则公平，主要指就业者在就业和发展的过程中，不因性别、民族、家庭出身、相貌、地域等因素受到歧视或者不公平的待遇。对这个问题，应通过公共政策干预和一系列相关法律制度的完善来解决。具体来看，应主要采取以下几项措施：一是完善保障就业公平的市场机制。就业公平是公共产品，然而市场中一些企业经营者出于降低成本、减少支出等考虑，会采取非公平的就业歧视行为。市场本身具有一定的自我矫正功能，就业歧视会导致劳动环境不公平不和谐，会影响生产效率；一些无就业歧视的企业可能会有更多的机会招用对工资水平要求更多的残疾人等群体，无形中取得竞争优势，迫使一些存在就业歧视的企业放弃歧视；先进的企业文化和企业经营者的社会责任感有利于促进就业公平。当然，市场对就业公平的促进作用是有限的，主要还应当通过政府宏观干预和法律机制的完善来实现。二是完善促进就业公平的政府干预机制。实施积极的劳动力市场政策。保护妇女平等就业权利，加强对女职工的劳动安全保障。帮助残疾人就业，用人单位在招用员工时必须为残疾人留取一定的比例，同等条件下优先录用残疾人，加强对残疾人的技能培训和安全保障。消除身份歧视，对农民工和城镇居民一视同仁。在大学生就业过程中，减少并逐步消除学校、性别、相貌、专业等引起的歧视。必须杜绝特权行为或“潜规则”干预就业，创造公正干净的就业环境。对就业困难群体和新进入劳动力市场的青年提供完善的职业介绍服务，对求职者给予就业补助。三是完善促进就业公平的法律机制。法律机制可以对市场机制和政府干预机制的缺陷进行矫正。针对劳动者的公平就业权，制定专门的《反就业歧视法》，明确界定就业歧视的范围。建立反就业歧视诉讼制度，为就业歧视受害者提供司法救济。为保证这项法律制度的具体实施，可成立保障就业公平的专门机构，听取申诉、采取行动、为政府提供咨询意见、提供就业公平方面的培训和教育。

参考文献

（一）经典著作类

1.《马克思恩格斯文集》（1—10 卷），人民出版社 2009 年版。

2.《列宁选集》（1—4 卷），人民出版社 1995 年版。

3.《毛泽东选集》（1—4 卷），人民出版社 1991 年版。

4.《毛泽东文集》（6—8 卷），人民出版社 1999 年版。

5.《邓小平文选》（1—2 卷），人民出版社 1994 年版。

6.《邓小平文选》（第 3 卷），人民出版社 1993 年版。

7.《江泽民文选》（1—3 卷），人民出版社 2006 年版。

8.《江泽民论有中国特色社会主义》（专题摘编），中央文献出版社 2002 年版。

9.《胡锦涛文选》（1—3 卷），人民出版社 2016 年版。

10.《习近平谈治国理政》（1—4 卷），外文出版社 2014、2017、2020、2022 年版。

11.《十六大以来重要文献选编》（上），中央文献出版社 2005 年版。

12.《十六大以来重要文献选编》（中），中央文献出版社 2006 年版。

13.《十六大以来重要文献选编》（下），中央文献出版社

2008 年版。

14.《十七大以来重要文献选编》(上)，中央文献出版社 2009 年版。

15.《十七大以来重要文献选编》(中)，中央文献出版社 2011 年版。

16.《十八大以来重要文献选编》(上)，中央文献出版社 2014 年版。

17.《十八大以来重要文献选编》(中)，中央文献出版社 2016 年版。

18.《十八大以来重要文献选编》(下)，中央文献出版社 2018 年版。

19.《十九大以来重要文献选编》(上)，中央文献出版社 2019 年版。

20.《十九大以来重要文献选编》(中)，中央文献出版社 2021 年版。

21.《十九大以来重要文献选编》(下)，中央文献出版社 2023 年版。

(二)学术著作类

1. [法] 弗朗索瓦·佩鲁:《新发展观》，张宁、丰子义译，华夏出版社 1987 年版。

2. [美] 约翰·罗尔斯:《正义论》，何怀宏等译，中国社会科学出版社 2009 年版。

3. [美] 托达罗:《经济发展与第三世界》，印金强等译，中国经济出版社 1992 年版。

4. [印] 阿玛蒂亚·森:《以自由看待发展》，任赜、于真译，中国人民大学出版社 2002 年版。

5. [美] 德尼·古莱:《残酷的选择发展理念与伦理价值》，社会科学文献出版社 2008 年版。

6. [美] 塞缪尔·亨廷顿:《文化的重要作用——价值观如何影响人类进步》，程克雄译，新华出版社 2002 年版。

7. [法] 泰·德萨米:《公有法典》，黄建华、姜亚洲译，商务印书馆 1985 年版。

8. [瑞典] 克拉斯·埃克隆德:《现代市场经济理论与实践——“瑞典模式”的经验与教训》，北京经济学院出版社 1995 年版。

9.［美］马克·罗伯特·兰克：《国富民穷（美国贫困何以影响我们每个人）》，屈腾龙、朱丹译，重庆大学出版社 2014 年版。

10.［美］赛缪尔·弗莱施哈克尔：《分配正义简史》，吴万伟译，译林出版社 2010 年版。

11.［丹］本特·格雷夫：《比较福利制度——变革时期的斯堪的纳维亚模式》，许耀桐等译，重庆出版社 2006 年版。

12.［印］阿玛蒂亚·森、刘民权、夏庆杰、王小林等：《从增长到发展》，中国人民大学出版社 2002 年版。

13.［中］赵启正、［美］约翰·奈斯比特、［奥］多丽丝·奈斯比特：《对话中国模式》，新世界出版社 2010 年版。

14. 李恒瑞：《发展观念的革命——当代中国科学发展论纲》，广东人民出版社 2009 年版。

15. 朱小玲：《中国共产党民生思想研究》，南京师范大学出版社 2015 年版。

16. 韩庆祥：《中国特色社会主义基本原理中国话语体系研究》，高等教育出版社 2015 年版。

17. 玛雅：《理论自信——世界新秩序的中国思想贡献》，外文出版社 2015 年版。

18. 周利生：《科学发展观对马克思主义社会发展理论的新贡献》，人民出版社 2015 年版。

19. 骆方金等：《科学发展观的科学性研究》，中央编译出版社 2015 年版。

20. 严行方：《中等收入陷阱》，山西经济出版社 2012 年版。

21. 郑杭生、殷昭举：《多元利益诉求时代的包容共享与社会公正》，中国人民大学出版社 2014 年版。

22. 林毅夫等：《以共享式增长促进社会和谐》，中国计划出版社 2008 年版。

23. 梁妙荣、梁爱强：《公平正义与社会主义和谐社会的构建》，中国社会科学出版社 2014 年版。

24. 陈小林：《科学发展观与执政能力建设》，中国社会科学出版社 2011 年版。

25. 严国萍：《共建共享和谐社会的制度保证》，浙江大学出版社 2014 年版。

26. 刘会强：《发展观的范式变革》，上海社会科学院出版社 2010 年版。

27. 杨信礼：《科学发展观研究》，人民出版社 2007 年版。

28. 叶晓玲：《城乡基本公共服务均等化问题研究》，西南交通大学出版社 2011 年版。

29. 江金权：《论科学发展观的理论体系》，人民出版社 2007 年版。

30. 庞元正：《当代中国科学发展观》，中央党校出版社 2004 年版。

31. 贾高建：《社会发展理论与社会发展战略：建构一种逻辑体系的纲要》，中央党校出版社 2005 年版。

32. 邱耕田：《哲学视阈中的科学发展》，新华出版社 2014 年版。

33. 辛向阳：《科学发展观的基本问题研究》，中国社会出版社 2008 年版。

34. 庞元正：《科学发展观基本问题研究》，人民出版社 2012 年版。

35. 张雷声、张宁：《马克思的发展理论与科学发展观》，经济科学出版社 2006 年版。

36. 李炳炎：《利益分享经济学》，山西经济出版社 2009 年版。

37. 孙居涛：《制度创新与共同富裕》，人民出版社 2007 年版。

38. 邓正来、郝雨凡：《转型中国的社会正义问题》，广西师范大学出版社 2013 年版。

39. 俞可平：《论国家治理现代化》，社会科学文献出版社 2014 年版。

40. 方茜：《包容性增长视角下基本公共服务与区域经济发展关系研

究》，人民出版社2015年版。

41. 衣芳：《人民群众主体论——群众观、党群关系、群众工作理论研究》，人民出版社2008年版。

42. 胡应南：《社会主义制度文明建设研究笔记——从探索时代到制度文明时代的嬗变》，人民出版社2014年版。

43. 刘玉安：《公平与效率不可兼得吗——美国、瑞典模式的比较与借鉴》，中国书籍出版社2013年版。

44. 李培林：《社会转型与中国经验》，中国社会科学出版社2013年版。

45. 田应奎：《中国道路——从科学发展观解读中国发展》，外文出版社2008年版。

46. 邹升平：《中国特色社会主义与民主社会主义瑞典模式比较研究》，知识产权出版社2013年版。

47. 苏坤：《信息资源共建共享研究进展》，中国言实出版社2014年版。

48. 张金霞：《"古巴模式"的理论探索——卡斯特罗的社会主义观》，人民出版社2012年版。

49. 曹磊：《Uber：开启"共享经济"时代》，机械工业出版社2015年版。

50. 韩建萍：《发展的追问》，中国时代经济出版社2010年版。

51. 高尚全、傅治平：《人民本位论》，人民出版社2012年版。

52. 黄晓利：《科学发展观的历史追溯与多维审视》，西南交通大学出版社2009年版。

53. 胡联合、胡鞍钢：《繁荣稳定论——国家何以富强和谐》，中国大百科全书出版社2009年版。

54. 贾立政：《新视野下的中国大战略（大国方略与改革动力）》，人民日报出版社2007年版。

55. 权衡等:《收入分配与社会公平》，上海人民出版社 2014 年版。

56. 江建平:《全民宽裕论》，人民出版社 2013 年版。

57. 李子顺:《收入分配与社会腐败》，中国长安出版社 2013 年版。

58. 李炳炎:《共同富裕经济学》，经济科学出版社 2006 年版。

59. 杨文森:《共同富裕理论、实践与挑战》，社会科学文献出版社 2013 年版。

60. 张雷声:《经济建设与全面小康》，中国出版集团中华书局，2009 年版。

61. 宋萌荣等:《当代视域下的马克思主义基本理论问题》，中国社会科学出版社 2009 年版。

62. 石云霞:《马克思主义基本原理专题研究》，高等教育出版社 2012 年版。

63. 韩庆祥、郭立新:《能力建设——当代中国发展新理念》，党建读物出版社 2005 年版。

64. 权宗田:《中国共产党对实现共同富裕的探索与制度设计创新研究》，人民出版社 2014 年版。

65. 李慎明:《共同富裕与中国特色社会主义》，中国社会科学出版社 2011 年版。

66. 李崇富:《论科学社会主义和中国特色社会主义》，中国社会科学出版社 2015 年版。

67. 樊勇:《贫富论——唯物史观视角》，人民出版社 2006 年版。

68. 李炳炎:《共同富裕经济学》，经济科学出版社 2006 年版。

69. 青连斌:《分配制度改革与共同富裕》，江苏人民出版社 2004 年版。

70. 杨奎:《和谐的历史、现实与马克思主义》，人民出版社 2008 年版。

71. 任剑涛:《为政之道：中国改革开放的理论综观》，中山大学出版社 2008 年版。

72. 董建萍等：《社会主义与公平正义——社会主义初级阶段中国的社会公正问题》，国家行政学院出版社 2007 年版。

73. 胡鞍钢等：《中国新理念：五大发展》，浙江人民出版社 2016 年版。

74. 胡鞍钢等：《“十三五”大战略》，浙江人民出版社 2015 年版。

75. 冯玫：《中国式包容性增长的理论体系与实践路径研究》，河北人民出版社 2015 年版。

76. 谢宇等:《中国民生发展报告 2014》，北京大学出版社 2014 年版。

77. 王希军、黄晋鸿：《以新的理念引领新的发展》，山东人民出版社 2016 年版。

78. 王承就：《古巴共产党建设研究》，人民出版社 2011 年版。

79. 中央党校哲学教研部：《五大发展理念——创新协调绿色开放共享》，中共中央党校出版社 2016 年版。

80. 中国发展研究基金会：《中国发展报告 2008/09：构建全民共享的发展型社会福利体系》，中国发展出版社 2009 年版。

81. 吴忠民：《走向公正的中国社会》，山东人民出版社 2008 年版。

82. 高锋、时红：《瑞典社会民主主义模式——述评与文献》，中央编译出版社 2009 年版。

83. 汤益诚：《促进社会和谐的瑞典经验——制度变革与政策选择》，中国社会出版社 2008 年版。

84. 粟芳、魏陆：《瑞典社会保障制度》，上海人民出版社 2010 年版。

85. 肖枫、王志先：《古巴社会主义》，人民出版社 2004 年版。

86. 荣兆梓等：《通往和谐之路：当代中国劳资关系研究》，中国人民大学出版社 2010 年版。

87. 刘海涛：《走向世界历史——中国特色社会主义的成长历程》，中共中央党校出版社 2012 年版。

88. 李青:《科学发展观视域中的以人为本》，时事出版社 2009 年版。

89. 刘昀献:《当代社会主义的历史走向》，河南大学出版社 2014 年版。

90. 李培林:《全面深化改革二十论》，社会科学文献出版社 2014 年版。

91. 张云飞等:《为了人民的幸福和尊严——中国特色社会主义社会建设的理论与实践》，人民出版社 2015 年版。

92. 徐志宏、王东红:《科学发展——时代发展的新要求》，中国人民大学出版社 2014 年版。

93. 吴忠民:《社会矛盾新论》，山东人民出版社 2015 年版。

94. 罗国杰:《罗国杰自选集》，中国人民大学出版社 2007 年版。

95. 洪银兴、孙宁华:《中国经济发展：理论实践趋势》，南京大学出版社 2015 年版。

96. 汪荣有:《经济公正论》，人民出版社 2010 年版。

97. 魏志奇:《社会主要矛盾变化新要求下共享发展研究》，人民出版社 2021 年版。

98. 何帆:《中国 2016 寻找新动力》，中国文史出版社 2016 年版。

99. 马俊峰:《社会公正与制度创新》，中国人民大学出版社 2013 年版。

100. 姚文胜:《利益均衡——推进社会公平的路径建议》，法律出版社 2012 年版。

101. 安应民:《构建均衡发展机制——我国城乡基本公共服务均等化研究》，中国经济出版社 2011 年版。

102. 吴忠民:《新形势下中国重大社会矛盾问题分析》，中共中央党校出版社 2014 年版。

103. 王丽平:《我国平等就业机会保障研究》，中央民族大学出版社 2013 年版。

104. 董建萍：《公正视域中的中国特色社会主义当代中国社会公正若干问题研究》，学林出版社 2010 年版。

105. 杜帮云：《分配公平论》，人民出版社 2013 年版。

106. 朱玲：《减贫与包容发展经济学研究》，中国社会科学出版社 2013 年版。

107. 江源富：《面向信息弱势群体的政府公共服务研究》，科学出版社 2012 年版。

108. 蒋文华：《用博弈的思维看世界》，浙江大学出版社 2014 年版。

109. 青连斌：《中国民生建设的路径》，中共中央党校出版社 2013 年版。

110. 青连斌：《公平分配的实现机制》，中国工人出版社 2010 年版。

111. 青连斌：《破解中国社会保障的困局》，云南教育出版社 2013 年版。

112. 吴忠民：《中国改革进程中的重大社会矛盾问题》，中共中央党校出版社 2011 年版。

113. 吴忠民：《社会公正理论十二讲》，山东人民出版社 2012 年版。

114. 何建华：《分配正义论》，人民出版社 2007 年版。

115. 吴忠民：《社会学理论前沿》，中共中央党校出版社 2015 年版。

116. 卢德之：《让资本走向共享》，华夏出版社 2015 年版。

117. 辛向阳：《中国特色社会主义与国家治理现代化》，浙江人民出版社 2016 年版。

118. 侯惠勤：《中国城市基本公共服务力评价》，社会科学文献出版社 2011 年版。

119. 辛向阳：《治国理政新布局四个全面托起中国梦》，中国人民大学出版社 2016 年版。

120. 孙学玉：《当代中国民生问题研究》，人民出版社 2010 年版。

121. 马建堂：《奋力迈上共同富裕之路》，中信出版集团 2022 年版。

122. 厉以宁、黄奇帆、刘世锦等：《共同富裕——科学内涵与实现路径》，中信出版集团 2022 年版。

123. 林毅夫等：《读懂中国式现代化——科学内涵与发展路径》，中信出版集团 2023 年版。

124. 郑永年：《共同富裕的中国方案》，浙江人民出版社 2022 年版。

125. 郝立新等：《中国现代化进程中的价值选择》，中国人民大学出版社 2022 年版。

（三）期刊论文类

1. 顾海良：《新发展理念与当代中国马克思主义经济学的意蕴》，《中国高校社会科学》2016 年第 1 期。

2. 陈金龙：《五大发展理念的多维审视》，《思想理论教育》2016 年第 1 期。

3. 郝立新：《中国特色社会主义实践的战略布局和发展理念》，《中国特色社会主义研究》2015 年第 6 期。

4. 吴波：《共享发展理念与中国道路的新探索》，《贵州省委党校学报》2015 年第 6 期。

5. 吴忠民：《公平正义是改革发展的出发点和落脚点——中国共产党公平正义观的形成及基本内容》，《当代世界与社会主义》2014 年第 2 期。

6. 吴忠民：《让改革红利惠及全体人民》，《求是》2013 年第 21 期。

7. 秦刚：《中国特色社会主义道路的价值取向》，《中国特色社会主义研究》2016 年第 5 期。

8. 秦宣：《改革必须依靠人民 改革成果必须由人民共享——社会主义改革的历史经验（三）》，《中共福建省委党校学报》2007 年第 11 期。

9. 骆方金：《共享与和谐："包容性增长"论析》，《马克思主义研究》2012 年第 3 期。

10. 辛向阳:《关于共同富裕的几个理论问题》,《东岳论丛》1996 年第 3 期。

11. 王芳:《从单向度到共享式——发展模式的逻辑演变及其现实要求》,《理论导刊》2012 年第 7 期。

12. 赵汇:《正确认识我国居民的个人收入分配差距》,《思想理论教育导刊》2001 年第 2 期。

13. 辛向阳:《科学发展观的三个思想来源》,《中国特色社会主义研究》2006 年第 4 期。

14. 张贤明、张平:《改革发展成果共享权及其实现》,《湖北社会科学》2013 年第 10 期。

15. 胡同恭:《论共享理念的科学性及其实现》,《现代经济探讨》2008 年第 12 期。

16. 魏志奇:《国家治理现代化中社会公平保障体系构建》,《中国特色社会主义研究》2015 年第 3 期。

17. 魏志奇:《现代化视域下"发展成果更多更公平惠及全体人民"的三个维度》,《延安大学学报》2015 年第 8 期。

18. 张贤明、文宏:《改革发展成果共享实现机制的理念定位》,《理论月刊》2009 年第 7 期。

19. 张春龙:《共享及其相关概念研究》,《学海》2010 年第 3 期。

20. 苗瑞丹:《论马克思恩格斯发展成果由人民共享思想及现实启示》,《求实》2013 年第 7 期。

21. 汪荣有:《论共享》,《马克思主义研究》2006 年第 10 期。

22. 侯惠勤:《共同富裕是我国社会发展的客观要求》,《当代电力文化》2013 年第 11 期。

23. 邱耕田、张荣洁:《论包容性发展》,《学习与探索》2011 年第 1 期。

24. 林其屏:《"成果共享"的实现必须形成六大机制》,《经济问题》2008 年第 2 期。

25. 张国良:《共享发展成果是对马克思主义公平观的丰富和发展》,《实践》2008 年第 9 期。

26. 佘远富:《发展成果由人民共享:中国特色社会主义的核心命题》,《扬州大学学报》2009 年第 1 期。

27. 苗瑞丹:《十六大以来发展成果由人民共享思想研究综述》,《理论界》2012 年第 8 期。

28. 艾丹等:《“共享式发展”:执政理念新语科学发展肯綮》,《理论探讨》2011 年第 1 期。

29. 李中锋、翁仕鹏:《中国领导人对共享经济发展方式的理论探索》,《山西大学学报(哲学社会科学版)》2012 年第 1 期。

30. 李捷:《中国特色社会主义是对科学社会主义的遵循和发展》,《教学与研究》2013 年第 12 期。

31. 任保平、王新建:《论包容性发展理念的生成》,《马克思主义研究》2012 年第 11 期。

32. 陈吉学:《科学发展观:发展理念的辩证转向》,《理论界》2009 年第 9 期。

33. 青连斌:《解决民生问题要坚持共建共享原则》,《北京党史》2008 年第 1 期。

34. 周跃辉:《经济新常态下的发展理念研究》,《中共贵州省委党校学报》2015 年第 4 期。

35. 郑杭生:《在共建中共享 在共享中共建》,《求是》2007 年第 10 期。

36. 郑杭生:《让“包容”牵手“和谐”——包容性增长里的中国智慧》,《决策探索》2011 年第 3 期。

37. 王一程:《在全面落实科学发展观中保证全体人民共享发展成果》,《马克思主义研究》2006 年第 1 期。

38. 邓海潮:《共享改革发展成果:理论与现实依据及实现途径》,《西安政治学院学报》2007 年第 6 期。

39. 郑功成：《我国进入一个全面改善民生、共享发展成果的新时代》，《理论思考》2008 年第 1 期。

40. 张克中、郭熙保：《如何让发展成果由人民共享——亲贫式增长与社区驱动型发展》，《天津社会科学》2009 年第 4 期。

41. 丰子义：《发展实践呼唤新的发展理念》，《学术研究》2003 年第 11 期。

42. 殷蕾：《利益表达：公平正义收入分配制度的基石——以瑞典模式为例》，《经济问题》2013 年第 1 期。

43. 孙兰英、宁淑玲：《中国共产党关于发展理念的实践探索与创新》，《甘肃社会科学》2009 年第 1 期。

44. 徐崇温：《中国奇迹根源于中国特色社会主义》，《中国特色社会主义研究》2015 年第 6 期。

45. 吴忠民：《改善民生对转型期社会安全至关重要》，《中国特色社会主义研究》2015 年第 6 期。

46. 李柏文：《"人民共享改革开放成果"的理论构建与制度设计》，《理论探讨》2013 年第 6 期。

47. 牛先锋：《新发展理念将如何引领未来中国》，《学术前沿》2016 年第 2 期。

48. 汪盛玉：《马克思社会公正观的基本内涵》，《教学与研究》2010 年第 5 期。

49. 魏波：《以共享理解发展》，《中国特色社会主义研究》2016 年第 1 期。

50. 辛世俊：《共享发展是马克思主义的本质要求》，《郑州轻工业学院学报（社会科学版）》2016 年第 1 期。

51. 王诗卉：《论共享是中国特色社会主义的本质要求》，《湖南师范大学社会科学学报》2016 年第 2 期。

52. 牛先锋：《社会公平的多重内涵及政策意义》，《理论探讨》2006

年第5期。

53. 魏波:《社会共享机制初探》,《中国特色社会主义研究》2013年第5期。

54. 朱辉宇:《以人民为中心与共享发展》,《湖南社会科学》2016年第2期。

55. 叶南客:《共享发展理念的时代创新与终极价值》,《南京社会科学》2016年第1期。

56. 刘武根、艾四林:《论共享发展理念》,《思想理论教育导刊》2016年第1期。

57. 孙熙国:《马克思主义究竟能给我们带来什么》,《红旗文稿》2016年第4期。

58. 孙代尧:《社会主义的价值目标:共同富裕和人的全面发展》,《思想理论教育导刊》2004年第7期。

59. 侯惠勤:《论"共同富裕"》,《思想理论教育导刊》2012年第1期。

60. 张新:《论科学发展的本质与规律》,《教学与研究》2010年第3期。

61. 顾海良:《"五大发展理念"的中国智慧》,《前线》2016年第1期。

62. 马光选:《以"制度共享"保证"共享发展"》,《创造》2015年第11期。

63. 王淑荣、许力双:《共享发展理念的重大意义与实践指向》,《红旗文稿》2016年第4期。

64. 韩喜平、孙贺:《共享发展理念的民生价值》,《红旗文稿》2016年第2期。

65. 贾康:《共享发展需要优化收入分配走向共同富裕》,《中国党政干部论坛》2015年第12期。

66. 孙代尧、何海根:《论中国特色社会主义理论的新发展》,《山东社会科学》2016年第2期。

67. 牛先锋:《社会主要矛盾新特征与科学发展新理念》,《毛泽东邓小平理论研究》2012 年第 9 期。

68. 左鹏:《共享发展的理论蕴含和实践指向》,《思想理论教育导刊》2016 年第 1 期。

69. 张新:《邓小平与近百年来中国第三次历史性巨变》,《思想理论教育导刊》2007 年第 8 期。

70. 青连斌:《社会主义必须坚持共同富裕的理念》,《科学社会主义》2011 年第 6 期。

71. 贾建芳:《社会主义与人的自由全面发展》,《科学社会主义》2002 年第 2 期。

72. 贾建芳:《以人为本是科学发展观的核心价值取向》,《科学社会主义》2005 年第 6 期。

73. 黄茂钦:《改革发展成果公平分享的制度障碍及法律对策》,《理论与改革》2010 年第 3 期。

74. 张金霞:《卡斯特罗党的建设思想研究》,《马克思主义研究》2010 年第 6 期。

75. 刘凤义、胡春玲:《瑞典共享型劳资关系的形成、演变与绩效分析》,《教学与研究》2011 年第 11 期。

76. 刘凤义、李臻:《共享发展的政治经济学解读》,《中国特色社会主义研究》2016 年第 2 期。

77. 侯为民:《立足完善基本经济制度实现共享发展》,《思想理论教育导刊》2016 年第 3 期。

78. 赵学清:《马克思是如何论证共享发展的——读〈哥达纲领批判〉的体会》,《中国浦东干部学院学报》2016 年第 5 期。

79. 韩喜平、刘永梅:《中国共享发展理念的价值创新》,《理论学刊》2016 年第 5 期。

80. 向玉乔:《共享发展理念的伦理基础》,《伦理学研究》2016 年第 3 期。

81. 龙静云：《共享式增长与消除权利贫困》，《哲学研究》2012 年第 11 期。

82. 秦宣：《平等与效率：社会主义的两大价值目标》，《文史哲》2006 年第 1 期。

83. 郝云：《财富的分配正义与共享性增长研究》，《伦理学研究》2013 年第 5 期。

84. 向玉乔：《论分配正义的价值维度》，《南昌大学学报（人文社会科学版）》2013 年第 7 期。

85. 谢伟光：《从马克思主义平等观看共享发展》，《红旗文稿》2016 年第 15 期。

86. 顾钰民：《发展理念引领下的制度建设》，《中国特色社会主义研究》2016 年第 4 期。

87. 李伟斌：《科学社会主义视域中的共享发展理念解析》，《高校马克思主义理论研究》2016 年第 3 期。

88. 孙肖远：《共享发展理念的理论内涵与实践价值》，《科学社会主义》2016 年第 4 期。

89. 刘凤义：《中国经济学如何研究共享发展》，《中国经济学新论》2016 年第 8 期。

90. 吴忠民：《中国现阶段的社会公正问题》，《河北学刊》2008 年第 3 期。

91. 李君如：《发展新理念和中国大趋势》，《中国井冈山干部学院学报》2016 年第 9 期。

92. 蔡昉：《坚持以人民为中心的发展思想》，《先锋队》2016 年第 9 期。

93. 郑功成：《扩大中等收入群体的要点与路径》，《中国人大》2016 年第 10 期。

94. 邓伟志：《论“五大理念”的思想解放力》，《上海大学学报（社会科学版）》2016 年第 9 期。

95. 庞元正：《论五大发展理念的哲学基础》，《哲学研究》2016 年第 6 期。

96. 孙迎联：《收入分配机制：共享发展视野下的理论新思》，《理论与改革》2016 年第 5 期。

97. 麻陆东：《五大发展理念：马克思主义发展观的核心价值》，《社会科学家》2016 年第 7 期。

98. 刘奇葆：《新发展理念蕴含的理论特质和品格》，《党建》2016 年第 9 期。

99. 李楠、陈慧女：《中国跨越“中等收入陷阱”的优势分析》，《思想理论教育导刊》2015 年第 11 期。

100. 吴怀友、王艳薇：《五大发展理念与作为发展观念体系的科学发展观的关系论析》，《思想理论教育导刊》2016 年第 7 期。

101. 冯开甫、贾婷婷：《五大发展理念是马克思主义实践历史观的当代体现》，《思想理论教育导刊》2016 年第 8 期。

102. 郭建、申莎莎：《实现共享发展的四个层次》，《思想理论教育导刊》2016 年第 8 期。

103. 邱海平：《马克思主义关于共同富裕的理论及其现实意义》，《思想理论教育导刊》2016 年第 7 期。

104. 柳礼泉、汤素娥：《论共享发展理念的丰富内涵和实现理路》，《思想理论教育导刊》2016 年第 8 期。

105. 孟宪生、关凤利：《论共享发展的层次性及实现路径》，《思想理论教育导刊》2016 年第 8 期。

106. 颜吾佴、吴静：《共享发展是社会主义的本质要求》，《思想理论教育导刊》2016 年第 8 期。

107. 陶倩、易小兵：《共享发展理念的三重意义》，《思想理论教育导刊》2016 年第 8 期。

108. 熊晓琳、王丹:《共享发展理念的多维探究》,《思想理论教育导刊》2016 年第 8 期。

109. 王淑荣:《共享发展理念的理论意义与实践指向》,《当代电力文化》2016 年第 5 期。

110. 刘俊祥:《回应“福山之问”共享:中国发展新理念》,《人民论坛》2016 年第 6 期。

111. 徐俊峰、葛扬:《马克思社会共享思想及其当代价值》,《学习与实践》2016 年第 6 期。

112. 赵敏:《从“排斥”到“共享”——兼论我党执政的新理念》,《徐州工程学院学报》2006 年第 10 期。

113. 王维平、张娜娜:《马克思分配正义思想及其现实启示》,《理论学刊》2016 年第 7 期。

114. 孟鑫:《共享理念与分配正义原则》,《科学社会主义》2016 年第 1 期。

115. 向玉乔:《社会制度实现分配正义的基本原则及价值维度》,《中国社会科学》2013 年第 3 期。

116. 田鹏颖、田书为:《共享发展是中国马克思主义政治经济学的核心命题》,《黑龙江社会科学》2016 年第 3 期。

117. 姜涌:《社会分配正义中的条件与制度保证》,《领导之友(理论版)》2016 年第 3 期。

118. 高传胜:《论包容性发展的理论内核》,《南京大学学报(哲学·人文科学·社会科学版)》2012 年第 1 期。

119. 刘沛好、余达淮:《比较视域下共享发展理念的普惠性》,《科学社会主义》2018 年第 1 期。

120. 李养民、王晖:《社会公平正义的制约因素与实现路径》,《学术交流》2016 年第 8 期。

121. 吴宣恭:《五大发展理念是社会主义基本经济规律内涵的深化

拓宽和高度概括》,《马克思主义研究》2016 年第 8 期。

122. 辛向阳:《深刻认识和把握四个“三大规律”》,《中国特色社会主义研究》2016 年第 6 期。

123. 毛相麟:《古巴社会保障制度的建立和完善进程》,《当代世界社会主义问题》2016 年第 2 期。

124. 魏波:《推进中国特色社会主义新发展的思考》,《中国特色社会主义研究》2015 年第 2 期。

125. 许艳华:《构建共享发展的制度保障体系》,《中国特色社会主义研究》2016 年第 4 期。

126. 徐崇温:《瑞典模式的历史进程和经验教训》,《复旦学报(社会科学版)》2007 年第 4 期。

127. 廖小明:《生态文明制度建设的公正价值审视》,《中国特色社会主义研究》2015 年第 1 期。

128. 李楠、陈晨:《以共享发展理念引领农村贫困人口实现脱贫》,《思想理论教育导刊》2016 年第 3 期。

129. 王瑾:《共享发展:让群众有更多的获得感》,《当代世界与社会主义》2016 年第 2 期。

130. 胡志平、甘芬:《国内共享发展若干问题研究述评》,《当代世界与社会主义》2016 年第 4 期。

131. 蒋茜:《共享发展的重大意义、科学内涵和实现途径》,《求实》2016 年第 10 期。

132. 马凯:《共享发展理念的理论源流和实践逻辑》,《广西社会科学》2016 年第 9 期。

133. 董振华:《共享发展理念的马克思主义世界观方法论探析》,《哲学研究》2016 年第 6 期。

134. 余达淮、刘沛妤:《共享发展的思维方式、目标与实践路径》,《南京社会科学》2016 年第 5 期。

135. 罗健：《共享发展的科学内涵与实现机制探析》，《中共天津市委党校学报》2016 年第 4 期。

136. 李雪娇、何爱平：《政治经济学的新境界：从人的全面自由发展到共享发展》，《经济学家》2016 年第 12 期。

137. 高培勇：《分配的主要问题是分配机制不健全》，《学习月刊》2010 年第 12 期。

138. 李姿姿：《转型时期利益协调机制的问题及改革路径》，《理论视野》2010 年第 3 期。

139. 秦宣：《习近平治国理政思想研究中的三个关键问题》，《党政视野》2016 年第 8 期。

140. 秦宣：《“四个全面”：形成发展、科学内涵和战略意义》，《思想理论教育导刊》2015 年第 6 期。

141. 赵汇、代贤萍：《共享发展的理论基础、实践追求和价值旨归》，《思想教育研究》2016 年第 11 期。

142. 赵汇、代贤萍：《共享发展与社会分配公正》，《中国特色社会主义研究》2016 年第 6 期。

143. 巩瑞波：《论共享发展理念的内在理路与实践逻辑》，《求实》2017 年第 3 期。

144. 吴波：《共享发展理念的三重理解》，《佳木斯大学社会科学学报》2017 年第 2 期。

145. 李占才：《共享发展的思想内涵和实践导向》，《湖湘论坛》2016 年第 3 期。

146. 胡守勇：《共享发展理念的世界历史意义》，《马克思主义研究》2018 年第 4 期。

147. 邵彦敏、张洪玮：《共享发展理念对世界发展理论和实践的创新》，《社会科学战线》2020 年第 9 期。

148. 鲁品越：《习近平关于实现人民共同富裕的方法论》，《马克思主义研究》2022 年第 1 期。

149. 罗健:《习近平关于共同富裕重要论述探析》,《马克思主义研究》2022 年第 3 期。

150. 熊晓琳、任瑞姣:《以共享发展理念引领我国收入分配制度改革》,《思想理论教育导刊》2019 年第 1 期。

151. 肖潇:《正确认识和把握实现共同富裕的战略目标和实践途径》,《马克思主义研究》2022 年第 4 期。

152. 郎慧慧、韩海涛:《议题与辨析:国外学者共享思想研究》,《当代世界与社会主义》2020 年第 1 期。

153. 朱继东、刘爱彤:《共享发展理念与社会主义本质的关系探析》,《理论探讨》2021 年第 5 期。

154. 刘灿:《共享发展理念与中国特色社会主义的实践探索》,《政治经济学评论》2018 年 11 月第 9 卷第 6 期。

155. 田超伟:《马克思恩格斯共同富裕思想及其当代价值》,《马克思主义研究》2022 年第 1 期。

后　记

2015年末党的十八届五中全会刚刚闭幕，我的导师赵汇教授就和我商定将共享发展理念作为我的博士论文研究方向，既与我长期关注的共同富裕问题高度一致，又深度契合了国家的发展战略。赵老师是科学社会主义与国际共产主义运动学科著名学者，在马克思主义理论研究领域造诣深厚、建树颇丰，曾荣获第八届孙冶方经济科学奖。赵老师经常教导我们，做学问要有革命精神和科学态度。在赵老师高尚人格和治学精神的指引下，我也下定决心将共享共富研究作为我长期的学术方向，不断耕耘，向深处扎根，往高处拔节。

学术研究是艰辛的。正如马克思所说："在科学上没有平坦的大道，只有不畏劳苦沿着陡峭山路攀登的人，才有希望到达光辉的顶点。"每当在图书馆浩如烟海的书籍中查阅资料，在夜深人静的时候绞尽脑汁撰写论文的时候，脑海中总会回荡着这句话。学术研究也是充满乐趣的。每当茅塞顿开灵感迸发，特别是看到自己的论文在CSSCI核心期刊发表，心中也会荡漾着喜悦的浪花。

学术研究永无止境。共享发展作为一个牵动社会神经、顺应时势人心、深刻影响国家前途命运的重大时代课题，关乎百年未有之大变局下的中国经济社会发展前景，关乎每一个社会成员的切身利益，具有重大的理论和实践价值。本书梳理了共享发展的来龙去脉，分析了共享发展的问题困境，探究了共享发展的实现路径，凝练了一些个人的观点和建议。然而囿于个人学术积累和水平所限，许多问题的分析还比较肤浅，思考还不够透彻，研究尚待进一步深入。所幸的是，我遇到了一批兼具高尚人格魅力和崇高学术品格的“大咖”老师，不断对我的写作进行点拨。中国人民大学秦宣教授、陶文昭教授、郑吉伟教授，北京大学孙代尧教授，清华大学肖贵清教授，中共中央党校牛先锋教授，北京市委党校周春明教授等老师都曾对我的研究和写作给予中肯的指导，一切历历在目、铭刻于心。他们是具有重大影响的马克思主义理论家，他们的大家风范和治学风采，是鞭策我不断前行的动力，也是我受之不尽的宝贵财富。

本书是天津市哲学社会科学规划项目“新发展阶段共同富裕的实现路径研究”的最终成果，在此要特别感谢天津市哲学社会科学工作领导小组办公室的支持和资助。

感谢中国社会科学院当代中国出版社陈莎老师为本书的出版所付出的辛勤劳动，她精益求精的敬业品格、务实严谨的工作精神和高效干练的工作作风，弥补了本书在写作过程中的一些瑕疵和缺陷，使本书得以如期出版，在此谨致谢忱。

在本书出版之际，感谢我的师兄北京市社科联赵英臣编审、中国社会科学院当代中国研究所毕研永处长，以及我的博士同学对外经济贸易大学马克思主义学院钟路副教授给予的关心、支持和帮助。师门情，同学谊，情深谊长。

在本书写作和修改完善的过程中，我参阅了国内外众多专家学者的著作、论文以及其他文献资料，给我带来深刻的启迪，谨向他们表示衷心的感谢。在文中注释和文末参考文献部分，我尽可能地将这些文献一一标注，如若还有遗漏，谨致诚挚歉意。

饮水思源。谨以此书献给我的父母恩师。

代贤萍

2023 年 7 月 26 日于天津滨海